CB138959

PSICOTERAPIA BREVE DINÂMICA COM PACIENTES BORDERLINE

UMA PROPOSTA VIÁVEL

Rita Aparecida Romaro

PSICOTERAPIA BREVE DINÂMICA COM PACIENTES BORDERLINE

UMA PROPOSTA VIÁVEL

Artesã

Psicoterapia breve dinâmica com pacientes borderline:
uma proposta viável

3ª edição

Copyright © 2024 Artesã Editora

É proibida a reprodução total ou parcial desta publicação, para qualquer finalidade, sem autorização por escrito dos editores.

Todos os direitos desta edição são reservados à Artesã Editora.

DIRETOR
Alcebino Santana

DIREÇÃO DE ARTE
Tiago Rabello

CAPA
Sérgio Ricardo da Silva Filho

IMAGEM DE CAPA
"Amarelo-Vernelho-Azul" - Wassily Kandinsky (127 x 200 cm; 1925). Musée National d'Art Moderne, Paris, França

DIAGRAMAÇÃO
ERJ Composição Editorial

Dados Internacionais de Catalogação na Publicação (CIP)
(Câmara Brasileira do Livro, SP, Brasil)

Romaro, Rita Aparecida
Psicoterapia breve dinâmica com pacientes borderline : uma proposta viável / Rita Aparecida Romaro. -- 3. ed. -- Belo Horizonte, MG : Artesã Editora, 2024.

Bibliografia.

ISBN 978-85-7074-102-8

1. Distúrbio de personalidade borderline 2. Personalidade - Aspectos psicológicos 3. Psicologia 4. Psicopatologia 5. Psicoterapia I. Título.

24-192109 CDD-150.195

Índices para catálogo sistemático:
1. Psicoterapia : Psicologia 150.195
Tábata Alves da Silva - Bibliotecária - CRB-8/9253

IMPRESSO NO BRASIL
Printed in Brazil

(31)2511-2040 (31)99403-2227
www.artesaeditora.com.br
Rua Rio Pomba 455, Carlos Prates - Cep: 30720-290 | Belo Horizonte - MG
/artesaeditora

A minha filha Thais, pelo seu doce sorriso e enorme vontade de viver.

Sumário

Apresentação

O presente estudo pretende refletir sobre o processo de psicoterapia breve dinâmica com pacientes que apresentam uma estrutura de personalidade *borderline* e que estejam passando por um momento de crise, analisando-se as possíveis mudanças da adequação propiciadas pela psicoterapia breve, levando-se em conta que o indivíduo é um ser em constante evolução, inserido em um mundo externo real do qual sofre impactos e no qual também provoca reações. Possibilita também refletir sobre a viabilidade dessa modalidade de tratamento psicológico em momentos de crise, quando as defesas mais primitivas tendem a predominar para aplacar a angústia.

O material apresentado neste livro baseia-se em pesquisas bibliográficas e de campo realizadas desde 1989 e apresentadas em minha tese de doutorado "Variações da eficácia adaptativa de pacientes *borderline* em psicoterapia breve dinâmica", sob orientação do Prof. Dr. José Tolentino Rosa com apoio do CNPq, em 1999.

O transtorno de personalidade *borderline* tem provocado um grande impacto social e familiar, devido às suas manifestações psicopatológicas que compreendem muitas facetas e características de comportamentos mal-adaptados e sintomáticos, entre eles: — dificuldade marcada no controle dos impulsos, com ênfase em comportamentos agressivos e autodestrutivos (abuso de substâncias, de álcool, automutilações, transtorno alimentar, pequenos furtos, tendência à promiscuidade etc.); — tendências paranoides; — estados depressivos e tentativas de suicídio; — estabelecimento de relações interpessoais caóticas, manipulativas e agressivas; — instabilidade afetiva; — baixa produtividade; — queixas orgânicas recorrentes. Devido a tais características, essas pessoas, em geral, são encaminhadas para atendimentos psiquiátricos e/ou psicológicos e por vezes tornam-se usuárias das redes de saúde pública, tendendo a estabelecer uma relação negativa com esses serviços e profissionais, marcada pela hostilidade e pelo abandono do tratamento.

A manutenção do enquadramento psicanalítico clássico torna-se em geral inviável nos serviços de saúde mental, ficando muitas vezes o paciente *borderline* sem atendimento, ou apenas com acompanhamento medicamentoso, o qual também apresenta dificuldades para seguir, em geral usando a medicação de forma inadequada ou descontínua, com interropções abruptas de seu uso.

As políticas e as modalidades de atendimento em saúde mental têm sido repensadas, tendo sido cada vez mais os tratamentos breves, focais e diretivos apresentados como uma das alternativas na área do atendimento psicológico.

Na realidade brasileira, poucos estudos enfatizam a eficácia de procedimentos terapêuticos com pacientes *borderline*, apesar da grande propagação dos tratamentos psicanalíticos ortodoxos, que também não atingem os resultados esperados.

Esses temas são abordados em quatro partes. Na primeira parte, apresento as questões diagnósticas e psicodinâmicas que envolvem o quadro *borderline*, em três capítulos. No Capítulo 1 são enfocados os aspectos descritivos, os quadros associados e os fatores etiológicos, ilustrados com vinhetas clínicas. No Capítulo 2 é apresentado o conceito de organização de personalidade *borderline*, de Otto Kernberg, e no Capítulo 3 os aspectos psicodinâmicos do quadro.

Após essa apresentação do tema, na segunda parte discuto algumas modalidades terapêuticas em voga, apresentadas no Capítulo 4. Um destaque especial é dado à abordagem psicanalítica, no Capítulo 5, enfocando-se os fatores preditivos de abandono do tratamento e a psicoterapia expressiva de Otto Kernberg.

Na terceira parte apresento alguns aspectos referentes à psicoterapia breve dinâmica, destacando alguns pontos de sua evolução histórica, as situações de crise, as características, as indicações e as contraindicações.

Na quarta parte, detenho-me à psicoterapia breve dinâmica com pacientes *borderline*, particularmente no Capítulo 9. O manejo técnico é discutido no Capítulo 10, por meio de vinhetas clínicas, abordando questões relativas às entrevistas iniciais, ao contrato, à relação transferencial, à relação contratransferencial, ao *acting out*, à resistência, com o intuito de ilustrar peculiaridades do processo. No Capítulo 11 apresento a evolução psicoterápica de três casos clínicos e no Capítulo 12 as considerações gerais sobre a evolução psicoterápica dos casos estudados.

Rita Romaro

1

Quadros *borderline* — aspectos descritivos

Aspectos descritivos

O quadro *borderline* permanece objeto de controvérsia, constituindo-se em uma polêmica que perdura há mais de seis décadas, entre os diversos autores, sejam eles psiquiatras ou psicanalistas, sobre seu enquadramento como uma organização da personalidade, uma síndrome, uma condição, um tipo de caráter, um subgrupo da esquizofrenia e mais recentemente um subgrupo dos transtornos afetivos. Entre os pontos controversos, destacam-se a diversidade na composição de sinais e sintomas, os diferentes níveis de comportamentos adaptativos e a influência variável dos estímulos considerados estressantes em uma personalidade predisposta.

O diagnóstico de personalidade *borderline* tem sido amplamente estudado na área clínica, sofrendo alterações substanciais ao longo do tempo. Originariamente, era considerado como um tipo de organização da personalidade intrapsíquica, refletindo observações psicanalíticas e a expectativa de cura a longo prazo. Com o tempo, por meio de observações descritivas, passou a ser pensado enquanto uma síndrome, cujos limites primeiramente foram estabelecidos com a esquizofrenia, sendo considerado como um tipo específico de desordem da personalidade que possui informações substanciais sobre a patogenia e que necessita ser conduzido ao nível de planejamento e prognóstico, trazendo possibilidade de terapêutica psicofarmacológica e de terapias a curto prazo (Gunderson, 1994).

Nas décadas de 1970 e 1980, estudos sistemáticos dos quadros *borderline* possibilitaram a caracterização de uma instabilidade de identidade, cognição e afeto. Essa instabilidade de identidade pode ser associada às observações psicanalíticas e ao constructo de organização da personalidade, enquanto a instabilidade da cognição e do afeto levam a questionamentos quanto ao fato de esses pacientes possuírem uma forma atípica de esquizofrenia ou um transtorno afetivo. Discussão esta que permanece acirrada até nossos dias.

O distúrbio de personalidade *borderline* foi introduzido em 1980, com a 3ª edição do Manual Diagnóstico e Estatístico de Distúrbios Mentais da Associação Americana de Psiquiatria (DMS-III), enquanto uma categoria diagnóstica oficial da psiquiatria norte-americana, baseando-se em dados empíricos e clínicos, procurando incluir as características descritivas apontadas por Gunderson e a análise estrutural proposta por Otto Kernberg.

Em 1987, a revisão do DSM-III, conhecida como DSM-III-R, torna mais clara a descrição das categorias e dos critérios diagnósticos, possibilitando a diferenciação do distúrbio de personalidade *borderline* dos quadros esquizofrênicos e do distúrbio narcisista de personalidade. Em 1994, foi publicado o Manual Diagnóstico e Estatístico de Transtornos Mentais da Associação Americana de Psiquiatria (DSM-IV), que inclui um nono item, referente à ideação paranoide transitória e relacionada ao estresse e/ou severos sintomas dissociativos.

O DSM-IV apresenta o conceito descritivo de transtorno de personalidade enquanto *um padrão persistente de vivência íntima e comportamento que se desvia acentuadamente das expectativas da cultura do indivíduo e se manifesta em pelo menos duas das seguintes áreas: cognição, afetividade, funcionamento interpessoal ou controle dos impulsos. Esse padrão persistente é inflexível, abrange uma ampla faixa de situações pessoais e sociais, e provoca sofrimento clinicamente significativo ou prejuízo no funcionamento social ou ocupacional ou em outras áreas importantes da vida do indivíduo* (1995, p. 594). O início pode ocorrer na adolescência ou começo da idade adulta, sendo estável ao longo do tempo.

Os transtornos de personalidade são reunidos em três agrupamentos, dos quais o agrupamento B contempla os transtornos de personalidade *borderline*, antissocial, histriônica e narcisista, destacando como características básicas: a dramaticidade, a emotividade e o comportamento errático. Propõe critérios específicos para cada um dos transtornos.

Segundo Gabbard (1992), o transtorno de personalidade *borderline* serve como referência para todo o agrupamento B, pois quando usado no sentido de organização de personalidade abrange também os transtornos do agrupamento A: paranoide, esquizoide, esquizotípico.

Os critérios diagnósticos do DSM-IV para transtorno de personalidade *borderline* (301.83) são assim definidos:

> *Um padrão evasivo de instabilidade dos relacionamentos interpessoais, autoimagem e afetos e acentuada impulsividade, que começa no início da idade adulta e está presente em uma variedade de contextos, como indicado por cinco (ou mais) dos seguintes critérios:*
>
> 1. *esforços frenéticos para evitar um abandono real ou imaginado.* **Nota**: *Não incluir comportamento suicida ou automutilante, coberto no critério 5.*
> 2. *um padrão de relacionamentos interpessoais instáveis e intensos, caracterizado pela alternância entre extremos de idealização e desvalorização.*
> 3. *perturbação da identidade: instabilidade acentuada e resistente da autoimagem ou do sentimento do self.*
> 4. *impulsividade em pelo menos duas áreas potencialmente prejudiciais à própria pessoa (por ex., gastos financeiros, sexo, abuso de substâncias, direção imprudente, comer compulsivamente).* **Nota**: *Não incluir comportamento suicida ou automutilante, coberto no critério 5.*
> 5. *recorrência de comportamento, gestos ou ameaças suicidas ou de comportamento automutilante.*
> 6. *instabilidade afetiva devido a uma acentuada reatividade do humor (por ex., episódios de intensa disforia, irritabilidade ou ansiedade, geralmente durando algumas horas e apenas raramente mais de alguns dias).*
> 7. *sentimentos crônicos de vazio.*
> 8. *raiva inadequada e intensa ou dificuldade em controlar a raiva (por ex., demonstrações frequentes de irritação, raiva constante, lutas corporais recorrentes).*

9. *ideação paranoide transitória e relacionada ao estresse ou severos sintomas dissociativos.*

(Reprodução do quadro de critérios diagnósticos DSM-IV, 1995, pp. 616-617).

Por meio de algumas vinhetas clínicas são ilustrados os critérios sugeridos pelo DSM-IV para transtorno de personalidade *borderline.*

Clinicamente, os critérios 1 (esforço frenético para evitar o abandono) e 2 (relacionamentos interpessoais) aparecem sob a forma de um padrão de relacionamentos instáveis e intensos, caracterizados por discussões, irritabilidade, altos e baixos e dependência. Manifestam-se ainda por meio de relações conturbadas com familiares, cônjuges e filhos, com tendência ao estabelecimento de relações simbióticas, marcadas pela dependência, por idealizações que tendem a se transformar em desvalorizações diante de situações frustrantes e pelo temor do abandono. Também há indícios de alguns traços sadomasoquistas que parecem nortear a escolha do parceiro. Esses dois critérios aparecem claramente no caso de Ana.

Ana (26 anos) referia que há cerca de três anos o companheiro começou a sair sozinho sem dizer para onde, a compará-la com a ex-esposa e por qualquer coisa falar em separação, arrumando suas malas, "fazendo teatro" (sic). Tornou-se desatencioso, propondo frequentemente que fizessem sexo com prostitutas e travestis. Ela protelava, engolindo tudo, temendo que ele a abandonasse. Descrevia-o como insaciável no sexo. Quase não conversavam.

Suas duas últimas tentativas de suicídio ocorreram após brigas com ele. Descrevia seus relacionamentos interpessoais como tendo muitos altos e baixos, principalmente com o companheiro. Com os namorados anteriores sua relação afetiva sexual também mantinha um padrão de dependência, dizia que sempre gostou de forma intensa e instável, entrando de cabeça, mas quando se decepcionava, se afastava. Começou a morar com o atual companheiro 15 dias após conhecê-lo. Considerava também que a mãe e a irmã sempre a ajudavam pela metade, sentindo-se muito cobrada. Pelo temor que sentia em relação ao companheiro, percebia que se transformava em outra pessoa em sua frente.

O critério 3, referente à perturbação da identidade, pode manifestar-se nas seguintes áreas: autoestima, orientação sexual, metas a longo prazo, escolha da profissão, tipo de amigos, valores preferidos. O caso de Antônio, um jovem de 23 anos que se considerava um grande escritor, ilustra esse critério.

Antônio sentia necessidade de esclarecer dúvidas sobre o que havia ocorrido com ele há um ano e seis meses, quando se sentiu estranho e "delirante" (sic), com dúvidas sobre sua sexualidade, passando a usar nesse período roupas diferentes, mais coloridas, raspando os pêlos do corpo e pintando as unhas (isso por cerca de dois meses). Nessa época havia parado com as drogas. Assustava-se ainda com seus desejos homossexuais, embora não os satisfizesse, negando qualquer tipo de experiência homossexual.

Às vezes sentia-se diferente com pessoas diferentes, com dúvidas sobre suas metas e planos de vida — não conseguindo definir-se sobre o que estudar ou em que trabalhar. Nutria uma ideia megalomaníaca sobre sua capacidade literária.

Em alguns casos, a perturbação de identidade expressa-se por uma imaturidade marcada nas relações interpessoais, com dificuldades em assumir papéis adultos com os parceiros, estabelecer um sentimento de segurança e apresentar sinais de uma identidade mais integrada, com tendência a julgar as situações parcialmente, vendo a si e ao outro de forma particularizada. A identidade sexual por vezes parece estabelecida por meio de atributos externos, com expectativas estereotipadas em relação ao próprio sexo, sendo frequente a indefinição sexual e profissional. Episódios de despersonalização e desrealização também podem ocorrer.

Uma forma autodestrutiva de lidar com a vida, com propensão a perdas sucessivas, tanto nas relações interpessoais quanto de trabalho, levando a uma desestabilização da vida, ilustra o critério 4, referente à impulsividade em áreas potencialmente autodestrutivas. Histórias de consumo de drogas ou álcool, vários e concomitantes parceiros sexuais também são frequentes.

> **Marta** (37 anos) referia necessidade de comer chocolate e jogar bingo compulsivamente, contraindo dívidas que não tinha como pagar. Quando ansiosa, puxava e arrancava os cabelos, embora aparentemente não apresentasse falhas no couro cabeludo. Dirigia de forma imprudente e perigosa. Algumas vezes desferia golpes agressivos contra si mesma.

O critério 5 referente à ameaça, ao gesto e ao comportamento suicida, também expresso por desejos ou comportamentos de automutilação, pode ser ilustrado pelo caso de Bia, uma mulher de 36 anos, com sérias dificuldades nas esferas conjugal e maternal.

> **Bia** estava fazendo psicoterapia de casal. Ao entrar em contato com as dificuldades conjugais tornou-se mais deprimida; o companheiro, segundo sua percepção, foi sentindo-se culpado e assustado. Quando a terapeuta apontou de forma mais firme as dificuldades de um casamento em crise, associadas às questões judiciais empregatícias que Bia enfrentava, esta disse não ter aguentado e resolvido ingerir medicamentos com a intenção de morrer. Escreveu cartas para os pais, companheiro, filho, irmão e terapeuta. Ficou um dia na UTI. O companheiro sentiu-se traído e a terapeuta não quis mais atendê-la.
>
> Pensava constantemente em morrer, atirando-se da janela de seu apartamento (7º andar) e cortando-se inteira com a faca. Ficava chorando no canto da sala, tentando controlar-se, não se mexia até a vontade passar.

O critério 6 é ilustrado pelo caso de Carlo, ao retratar sua instabilidade afetiva. Alguns pacientes referem que a cada dia acordam de um jeito diferente, com oscilações riso/choro, mau humor. Em geral, as mulheres referem maior instabilidade no período pré-menstrual.

> **Carlo** descrevia-se como sendo "oito ou oitenta" (sic), oscilando em poucas horas, entre o mau humor, a hostilidade e a impulsividade, para a brincadeira. Tendia a expressar seu mau humor vestindo-se de forma menos cuidada para que todos percebessem e não se aproximassem. Considerava seus gostos musicais tão diversificados quanto seu humor. Preferia passar alguns fins de semana na cama.

O critério 7, concernente ao sentimento crônico de vazio ou tédio, pode expressar-se pelo sentimento de "não prestar para nada", "não ser útil", "sentir-se incapaz de realizar algo", angústia, dores no peito, sentir-se oco, burro, vazio.

> **Antônio** sentia que nunca havia realizado nada, nem reunia condições para realizar. Achava que havia perdido seu tempo — sentia-se nervoso, triste, deprimido. Em alguns momentos pensava que era jovem e que tinha muito tempo pela frente, mas a sensação de vazio continuava.

O critério 8, referente à raiva inadequada, expressa-se por crises de nervos, acompanhadas de agressões a objetos, como quebrá-los, derrubá-los, brigas recorrentes com diferentes graus de violência, humilhação do outro, expulsão de lugares por inadequação e/ou comportamentos agressivos.

> **Carlo** considerava-se uma boa pessoa, no entanto, não podia ver "injustiças" (sic), que já saia em defesa dos mais fracos, partindo para a agressão física, dando murros, cintadas, desafiando. No trabalho, isso lhe causava sérios problemas. Em casa, dizia nunca ter batido em ninguém, preferia quebrar algumas coisas e ir dar uma volta. Considerava-se autoritário.

O critério 9, ideação paranoide transitória, em geral aparece como uma desconfiança crônica associada à hipersensibilidade.

> **Bia** sentia-se sempre em alerta, temendo ser magoada ou explorada e questionando a lealdade daqueles que a cercavam. Mostrava-se facilmente ofendida, nutrindo rancor das pessoas com quem trabalhava, sentindo-se discriminada.

Esses critérios descritivos são apresentados de forma isolada, acompanhados de exemplos clínicos, na tentativa de melhor especificá-los. No entanto, clinicamente, aparecem de forma integrada, girando em torno do temor do abandono e podendo levar a atos autodestrutivos, a episódios de desrealização ou de despersonalização. Os relacionamentos interpessoais são descritos sempre como caóticos, dependentes, manipulativos, marcados pela desconfiança e repletos de altos e baixos, em geral com figuras distorcidas, isto é, idealizadas ou desvalorizadas. O humor instável expressa-se mais pela depressão e pela raiva. A ameaça de ruptura do conhecido ou de uma relação por vezes pode desencadear episódios psicóticos breves.

A própria forma de vida do paciente *borderline* parece induzir ao abandono, que ele tenta por todas as vias evitar, em geral colocando-se em mais confusões e tornando-se uma pessoa intrusa, encrenqueira e indesejável, quando não se isola. Por serem seus sintomas egossintônicos, acabam por incomodar mais ao outro do que a si mesmo.

Nurnberg et al. (1987) apontam como critérios mais significativos encontrados no grupo de *borderline* os seguintes: a depressão, os episódios impulsivos, a propensão ao *acting out*, as relações interpessoais caóticas e instáveis, o sentimento crônico de vazio ou tédio e a solidão. Como critérios menos proeminentes apontam o distúrbio de identidade e a raiva crônica.

Em 1993, com a modificação proposta pela Classificação dos Transtornos Mentais e de Comportamento da CID-10, o quadro *borderline* passa a ser incluído entre os distúrbios de personalidade emocionalmente instáveis, pela marcada tendência a atos impulsivos sem preocupação com as consequências, instabilidade afetiva e baixa habilidade para planejamento com propensão a explosões de intensa raiva que podem conduzir à violência. Apresenta duas variantes: o "tipo impulsivo" e o "tipo *borderline* ou limítrofe" (F60.31), assim descrito:

> *Várias das características de instabilidade emocional estão presentes, em adição a auto-imagem, objetivos e preferências internas (incluindo a sexualidade) do paciente são com frequência pouco claras ou perturbados. Há em geral sentimentos crônicos de vazio. Uma propensão a se envolver em relacionamentos intensos e instáveis pode causar repetidas crises emocionais e pode estar associada com esforços excessivos para evitar o abandono e uma série de ameaças de suicídio ou atos de autolesão (embora esses possam ocorrer sem precipitantes óbvios)* (OMS, 1993, pp.200-201).

Cabe notar que na Classificação Internacional das Doenças (CID-9), de 1978, o quadro *borderline* era considerado na categoria psicoses esquizofrênicas, na classificação referente à esquizofrenia latente.

Na década de 90, os critérios e as classificações propostas tanto pelo CID-10 quanto pelo DSM-III-R e DSM-IV aproximaram-se, tornando-se mais fácil comparar os critérios diagnósticos das diversas linhas de pesquisa, no sentido de sugerirem a necessidade de uma diferenciação com as desordens afetivas.

A classificação de desordem de personalidade não possui uma aceitação mundial, apesar de sua significação clínica englobar aspectos referentes à terapêutica, à predição e ao planejamento. Os países da América do Norte e alguns países da Europa — incluindo a Rússia — aceitam o sistema de classificação proposto pelo DSM-III-R, enquanto países do norte da Europa relutam em aceitar o quadro *borderline* como um distúrbio de personalidade, seguindo mais um modelo com base psicanalítica (Simonsen, 1994).

Tanto o CID-10 quanto o DSM-IV estabelecem uma classificação de síndromes psiquiátricas denominadas transtornos, abrindo a possibilidade de o paciente receber vários diagnósticos desde que seus critérios sejam preenchidos. O reconhecimento da morbidade traz novas possibilidades de prognóstico e tratamento.

Transtornos associados

Dificilmente encontra-se um paciente com transtorno de personalidade *borderline* puro, isto é, sem outras patologias associadas. Entre as possíveis combinações com outros transtornos de personalidade destacam-se as associações com o transtorno de personalidade paranoide, narcisista, de conduta e obsessivo-compulsivo.

A associação com o transtorno de personalidade paranoide pode preencher critérios referentes a guardar rancor por muito tempo, com incapacidade de desculpar uma ofensa, sentir-se facilmente ofendido, com propensão a partir para o contra-ataque, dificuldade para confiar nas pessoas e tendência a achar que todos falam dele e se possível o prejudicam. Esses aspectos podem apresentar-se de forma reativa e responsiva, levando ao afastamento e dificultando a permanência nos empregos, parecendo também corresponder ao nono critério do DSM-IV para transtorno de personalidade *borderline*.

> **Marta** apresentava marcada propensão a guardar rancor, sendo incapaz de desculpar o que julgava como ofensas ou insultos, mostrando-se facilmente ofendida, contra-atacando com raiva. Não confiava nas pessoas, temia "olho gordo" (sic) e estava sempre achando que os outros a observavam e falavam dela, preferindo não ter amigos.

Os critérios para transtorno de personalidade narcisista podem ser expressos por sentimentos de grandiosidade e inveja, dificuldade em aceitar críticas, reagindo a estas com raiva, necessidade de ser o centro das atenções, sentindo-se um ser com habilidades especiais, mas injustiçado e não reconhecido, diminuição da capacidade de empatia e expectativa de um amor ideal, que pudesse ser e representar tudo. A autoimagem instável, a presença de autodestrutividade e a preocupação com o abandono parecem caracterizar mais uma busca de atenção que de admiração.

> **Antônio** julgava-se um escritor incompreendido, passava os dias e as noites em seu quarto imaginando uma obra aterradora que nunca conseguia colocar no papel, e, por não realizá-la, a acalentava e engrandecia.

Os critérios para transtorno de conduta referem-se a situações e comportamentos ocorridos antes dos 15 anos, como história de uso de drogas na adolescência, de pequenos furtos e de comportamentos prejudiciais a outros, como provocar incêndios, acidentes, machucar animais, estupros...

O transtorno de personalidade obsessivo-compulsivo, em geral, é detectado em pacientes que apresentam uma organização rígida, uma alta exigência consigo mesmo e com os outros, o que acaba por gerar desentendimentos e brigas tanto nas relações interpessoais quanto nas profissionais. Manifesta-se também por necessidade de controle, padrões rígidos e inflexíveis, dificuldade de desfazer-se de seus pertences.

> No caso de **Néa**, as compulsões caracterizam um transtorno obsessivo-compulsivo, ocupando tempo e interferindo em sua vida

familiar e profissional. Existia o desejo de parar com os rituais e a impossibilidade de fazê-lo, com acentuado sofrimento psíquico.

A comorbidade com outros transtornos de personalidade é apontado por Nurnberg et al. (1991), sendo a comorbidade com abuso de substâncias e episódios psicóticos breves também encontrada por Miller et al. (1993).

Gabbard (1997) considera uma falha do DSM-IV um mesmo paciente poder ser enquadrado em vários transtornos de personalidade, tornando-se, por vezes, difícil estabelecer o diagnóstico principal e, consequentemente, um programa terapêutico.

A associação do transtorno de personalidade *borderline* com outros transtornos de personalidade, por meio do preenchimento de critérios, abre uma gama de possibilidades diferentes de manifestações e associações dos sintomas, reforçando a importância de se analisar cada caso individualmente, tornando mais difíceis as generalizações. Tomando-se apenas o transtorno de personalidade *borderline*, verifica-se que, apesar de serem descritos nove critérios pelo DSM-IV, há a necessidade de preenchimento de somente cinco deles, o que possibilita uma ampla faixa de variações, além da possibilidade de associação com outros transtornos.

Transtorno de personalidade *borderline* e desordens afetivas

Em 1993, o Simpósio sobre a Condição *Borderline*, realizado na Dinamarca, trouxe à tona antigas controvérsias, principalmente as que tangem à classificação diagnóstica e seu enquadramento nas desordens afetivas, bem como as metodologias empregadas.

Alguns autores como Akiskal (1994), Torgersen (1994) e Tyrer (1994) levantam dúvidas quanto à condição *borderline* ser independente de outras desordens mentais, particularmente dos transtornos de humor e do abuso de substâncias. Questionam também o fato de os pacientes *borderline* apresentarem uma sintomatologia mais aguda e exuberante no início da vida adulta e uma progressiva estabilidade em seus relacionamentos e funcionamento profissional no início da meia idade, comparando os sintomas característicos da desordem de personalidade *borderline* com as características da adolescência. Colocam como questão a existência de um transtorno de personalidade ou de um amadurecimento tardio, considerando-se difícil a diferenciação entre estado e traço.

Tyrer (1994) aponta para a comorbidade entre o transtorno de personalidade *borderline* e as desordens afetivas, principalmente a depressão, questionando se a condição *borderline* não pode ser considerada enquanto um subgrupo das desordens afetivas.

Beck (1994) procura diferenciar por meio da *Hamilton Depression Rating Scale* as características depressivas nos transtornos de humor e no transtorno de personalidade *borderline*. No primeiro grupo encontra uma elevada porcentagem de melancolia associada a humor depressivo, humor ansioso, culpabilidade e retardo psicomotor. No segundo grupo, a depressão caracteriza-se pelo sentimento de vazio e agressividade, com indícios de despersonalização ou desvalorização, redução da capacidade de *insight* e pensamentos suicidas.

Romaro (1999) observa que a depressão se apresentou como queixa comum nos sete casos por ela estudados, acompanhada do temor de abandono, agressividade, sentimentos de vazio e de raiva; referência a algum tipo de distúrbio de sono, de redução da capacidade produtiva e níveis diversos de bloqueio cognitivo, que dificultam o *insight*; ocorrência de ideias e/ou tentativas de suicídio, principalmente nas situações estressantes ou na eminência de um abandono; e autodesvalorização e tendência a comportamentos autodestrutivos, além de queixas somatoformes. Três pacientes relataram episódios de desrealização.

O caso de Marta ilustra a despersonalização, sintoma da depressão no quadro *borderline*.

> **Marta** apresentou a primeira crise dissociativa aos 17 anos, a qual relacionava com o fato de ter fumado algumas vezes maconha com o namorado, tendo entrado em pânico e precisado procurar o pronto-socorro. Perdeu a noção de tempo, de espaço, sentiu-se "ausente" (sic). Nunca mais usou drogas. Após dois meses, soube que estava grávida, não sentiu a gravidez, sentia-se ausente, "não sentia nada como real" (sic). Casaram-se, brigavam muito. Quando o bebê nasceu, ficou deprimida, não saiu mais da cama e sentiu-se sem condições de cuidar deste.

> Aos 25 anos, após terminar seu curso universitário, "perdeu a noção de tempo, espaço, começou a sentir medo da noite, taquicardia, o sangue gelar, uma sensação estranha no corpo" (sic).
>
> No momento da triagem sentia-se muito agressiva e também "muito dissociada" (sic), considerando-se incapaz de sentir, descrevendo-se como burra, preguiçosa e dizendo que não valia a pena apostar nela.
>
> A última internação ocorreu após uma briga com a mãe e com a filha, que estava em sua casa a passeio. Ficou nervosa, quebrou coisas, gritou muito, saiu dirigindo "como louca" (sic). Veio para uma consulta na psiquiatria e pediu para ser internada. Achava que as coisas com ela perfaziam o seguinte ciclo: depressão — preocupação — irritação — histeria. Queria morrer, mas não tentou o suicídio.

Os estudos de Rogers, Widiger e Krupp (1995) associam a depressão apresentada pelo paciente *borderline* a: autocondenação, sentimento de vazio e tédio, medo do abandono, autodestrutividade, desespero e queixas somáticas. Mehlum et al. (1994) apontam para a frequência de ideias e tentativas de suicídio. Soloff et al. (1994) consideram enquanto fator de risco para o comportamento suicida: a idade (quanto mais velho maior o risco), história de tentativas anteriores, personalidade antissocial, ações impulsivas e humor depressivo.

Para Gunderson (1994), o paciente *borderline* não resolve sua desordem afetiva, podendo os episódios depressivos, observados longitudinalmente, ser relacionados com a presença de uma linha de base melancólica. Aponta em suas pesquisas uma modesta e não específica relação entre as desordens afetivas e o distúrbio de personalidade *borderline*, o que também é apontado nos estudos de Gunderson e Elliott (1985) e Gunderson e Phillips (1991), entre outros.

O reconhecimento do ponto de vista longitudinal, que pode ser obtido por meio dos dados de história de vida do paciente, pode auxiliar no diagnóstico diferencial, evitando que se classifique no Eixo I do DSM-IV características como depressão, bulimia, abuso de substâncias e estressores pós-traumáticos, sem o reconhecimento de uma linha de base e permanência das estruturas de personalidade, o que pode confundir as intervenções terapêuticas.

Outras comorbidades

Gunderson (1994) e Lonie (1993) sugerem a comorbidade entre o transtorno de personalidade *borderline* e a desordem pós-traumática ao estresse (PTSD). Nurnberg et al. (1991) apontam a comorbidade do transtorno de personalidade *borderline* com os seguintes transtornos de personalidade: paranoide, histriônico, narcisista, antissocial e passivo-agressivo, sugerindo também a existência de um outro grupo que apresenta associação com transtorno de personalidade esquizoide, esquizotípico, evitante, obsessivo-compulsivo e autodestrutivo, discutindo os critérios propostos pelo DSM-III-R como pouco claros.

Fyer et al. (1988), estudando 180 pacientes com transtorno de personalidade *borderline*, observam que 91% deles apresentam um diagnóstico adicional e 42% de dois a sete diagnósticos.

Miller et al. (1993) ressaltam a comorbidade para abuso de substâncias e a presença de delusões, alucinações auditivas e visuais, caracterizando episódios psicóticos breves.

Os transtornos alimentares, como a anorexia nervosa e a bulimia nervosa, encontram-se frequentemente associados ao transtorno de personalidade *borderline*, possuindo em comum o comportamento impulsivo.

Parnes (1994) chama a atenção para o fato de que os pacientes com diagnóstico de transtorno de personalidade *borderline* que buscam tratamento representam apenas uma fração da população, considerando-se que os traços de personalidade são egossintônicos. Considera que futuras áreas de pesquisa deveriam levar em conta questões metodológicas gerais, entre elas a repotencialização de observações clínicas metodológicas, por meio de pesquisas conduzidas por pessoas com experiência clínica, preocupando-se com a validade e com a reflexão conceitual mais do que com problemas de fidedignidade.

Segundo Akiskal (1994), o diagnóstico clínico formal necessita de um maior aprofundamento para que possa penetrar na compreensão fenomenológica da enfermidade, seu curso, padrões familiares envolvidos e supostos fatores etiológicos, pois a terapêutica ajudaria o indivíduo a atingir a maturidade de modo menos turbulento.

Nota-se que as divergências entre os diversos autores apoiam-se na conceituação empregada. Alguns como Kernberg trabalham com o conceito de organização de personalidade, o que permite englobar dentro do nível de funcionamento *borderline* as personalidades infantis, histéricas, narcisistas, antissociais, "*como-se*", esquizoides, abarcando a heterogeneidade dos sintomas e as comorbidades. Outros autores, como Gunderson, preocupam-se mais com a distinção entre as síndromes, do ponto de vista descritivo.

Fatores etiológicos

Os fatores etiológicos não estão diretamente relacionados à transmissão genética (Torgersen, 1994), havendo um baixo índice de hereditariedade se comparado a outras desordens de personalidade, apesar de Kernberg (1967) ter apontado uma predisposição constitucional à ansiedade.

O transtorno de personalidade *borderline* parece estar ligado a influências ambientais, existindo um risco familiar aumentado para abuso de substâncias, transtornos do humor e personalidade antissocial. Estudos empíricos apontam para famílias nas quais há uma alta frequência de conflitos, hostilidade e não produtividade caótica, negligência emocional e alta frequência de traumas infantis associados a abuso físico e sexual (40% a 86%), devido a altas taxas de incidência de morbidade nos pais (Bezirganian, Cohen, & Brook, 1993; Gagnon, 1993; Gasperini et al., 1991; Goldman, D'Angelo, & DeMaso, 1993; Gunderson, 1994; Gunderson & Sabo, 1993; Ludolph et al., 1990; Paris, 1992; Romaro & Loureiro, 1993; Schulz et al., 1989; Wagner & Linehan, 1993; Weaver & Clum, 1993).

O ambiente familiar, como posto anteriormente, é considerado como um dos fatores predisponentes à patologia *borderline*. São apresentados, a seguir, sete fragmentos de histórias de familiares, nos quais se percebe uma problemática semelhante, expressa em diferentes histórias de vida.

Ana descreveu uma infância difícil, sendo a mais velha de quatro irmãos. Os pais trabalhavam, deixando-os trancados em um quarto/cozinha, sem banheiro, em que ela ficava responsável por todos. A mãe pedia para Ana resolver os problemas familiares, desde criança. Os pais sempre brigaram muito; ele era muito mulherengo, ausente, instável nos empregos; às vezes, batia muito nos filhos. A mãe "fingia" (sic) que não via o que acontecia. Separaram-se quando Ana tinha 18 anos. Após a separação, o pai foi para a Região Nordeste e constituiu família. A mãe, após a morte do primeiro filho, foi morar com um companheiro. Durante a adolescência Ana fez uso de maconha, às vezes de cocaína e de crack, tendo parado aos 18 anos. Aos 18 anos também perdeu seu namorado em um acidente de carro (namoravam há dois anos). Fez tratamento para engravidar juntamente com um amigo. Quando conseguiu, não quis que ele assumisse a criança ou morasse com ela. Após três meses, o bebê faleceu por complicações cardíacas. Algumas semanas depois, seu irmão foi violentamente assassinado (1991), era usuário de drogas, com história de várias detenções. Após três anos, seu outro irmão morreu vítima de assalto. Moravam em um bairro violento, em uma comunidade.

Antônio provinha de uma família de classe média baixa, pela qual foi adotado nos primeiros dias de vida, bem como seu irmão adotivo. Não conheceu a mãe e o fato de ser adotado começou a incomodá-lo na adolescência. O pai foi descrito como uma pessoa muito religiosa, mas que às vezes ficava deprimido, agressivo, com vontade de matar a família e se matar, e, em outros momentos, cedia a todos os caprichos dos filhos. A mãe cedia "para evitar brigas" (sic), às vezes ficava deprimida. Antônio cresceu com raiva do irmão, com quem brigava muito. Este era epiléptico, agressivo, lhe batia e era "respeitado" por quebrar as coisas em casa; a partir da adolescência tornou-se alcoólatra e passou a usar drogas. Por duas vezes foi preciso a presença da polícia para separar brigas entre eles, e nessas circunstâncias um precisava passar algumas semanas fora de casa até a situação se acalmar. Antônio e o irmão não trabalhavam. A família fez terapia familiar por um ano, sem sucesso, e a mãe parecia reforçar o comportamento dos filhos.

Bia ressentia-se do fato de sua mãe não ter desejado sua gravidez. No primeiro ano de vida, não aceitava ser alimentada pela mãe, precisando ser cuidada por vizinhas, tendo sido uma criança difícil, que judiava do irmão mais velho (falava isso com muito orgulho). Desde os 5 anos queixava-se de depressão. Na meninice foi assediada sexualmente por um vizinho. No período em que os pais ficaram separados (idade escolar), os tios lhe batiam e pediam que os masturbasse. O pai brigava muito com a esposa e com os filhos, batendo nestes de chicote. Ela apanhou até os 12 anos. Percebia a mãe como muito possessiva, dominadora. Antes dos 15 anos matava aulas, maltratava animais, cometia pequenos furtos no supermercado (principalmente cigarros) e mentia. Sempre teve muitos atritos com o irmão; não aceitou seu casamento. Quando resolveu se unir ao atual companheiro, a família não permitiu que levasse o filho.

Carlo vangloriava-se por ter tido uma infância ótima em seu país, negando atritos com os irmãos ou com os pais. Considerava sua família muito unida e brincalhona. Seus irmãos eram casados, possuíam curso universitário e haviam-se dado bem na vida em seu próprio país. O pai sempre viveu à custa da esposa, "era um gigolô da minha mãe" (sic), falava Carlo em tom jocoso. Veio ao Brasil para estudar com 18 anos.

Marta era filha única e também ressentia-se de não ter sido desejada pela mãe, que descreveu como "muito brava" (sic), autoritária, agressiva, proibindo-a de brincar com outras crianças para que ficasse estudando. Às vezes apanhava muito. O pai era mais carinhoso e próximo, aposentou-se quando Marta tinha 6 anos. Após sua separação conjugal voltou a morar com os pais, mostrando marcada dependência da mãe. Referiu que em sua casa nada era jogado fora, tendo dificuldade de se desfazer dos jornais, das roupas que usou desde o início da adolescência.

Néa ressentia-se pelo fato de sua mãe ter passado por sérios problemas conjugais durante sua gestação, além de ter "pegado sarna" (sic). Seu pai não queria seu nascimento, tendo assustado a esposa com uma bombinha no oitavo mês de gestação com o intuito que abortasse. Néa começou a andar com 4/5 anos, sentindo intenso medo das coisas. Seus primeiros anos escolares foram caóticos, até perceberem que ela era míope (nove graus). O ambiente familiar sempre foi tenso, com brigas violentas e ameaças de morte entre os pais, que se separaram quando ela tinha 16 anos. O pai era alcoólatra, agressivo e aposentou-se devido a ataques epilépticos. Com a mãe seu relacionamento era melhor, embora esta não a deixasse sair de casa. É a quarta filha de uma prole de seis. Com a irmã, sempre estabeleceu uma relação de rivalidade, com vários episódios de agressões físicas. Os irmãos foram descritos como agressivos, instáveis nos empregos e com tendência ao alcoolismo. Seu irmão mais novo faleceu com 23 anos devido a tumor cerebral. Em vários momentos da vida moraram em barracos.

Suelen era a caçula de seis irmãos, sendo contemporânea dos sobrinhos. Até os cinco anos morou com a avó, só então veio para São Paulo com os pais. A mãe foi descrita como uma pessoa boa, "meio bruxa" (sic).Todas as irmãs fugiram de casa aos 14 anos devido às surras do pai. O pai a espancava até que urinasse e defecasse na roupa. Engravidou aos 13 anos. Os pais criaram seu filho. Aos 14 anos saiu de casa e foi trabalhar como doméstica. Aos 16 anos foi trabalhar na casa de um artista (30 anos mais velho que ela), mas em menos de uma semana começaram a "morar juntos", isso até os 28 anos. Nessa época estudou e passou a ajudá-lo. Morou com o filho um curto período de tempo, quando este tinha nove anos. Quando adolescente, o filho foi usuário de drogas, brigavam muito, ela o acompanhou no tratamento. Quando ele largou a droga ela foi passar seis meses na Europa; nesse período, ele se casou.

Nas histórias de vida supra-apresentadas, exceto no caso de Carlo, o ambiente familiar é retratado como hostil, com brigas recorrentes e marcadas dificuldades conjugais entre os pais. Em alguns casos, o pai apresenta quadro de alcoolismo e comportamento agressivo. No caso de Marta, a mãe é a figura agressiva e dominadora. Antônio, Bia e Marta ressentem-se por não terem sido desejados por suas mães e Néa por seu pai. Bia, Marta e Suelen não permaneceram com seus filhos na vida adulta.

Considerando-se que o abuso emocional se caracteriza pelo controle sobre alguém, por meio da manipulação, da intimidação, da humilhação e também de ataques físicos, pode-se dizer que esses pacientes, exceto Carlo, que parecia negar ou minimizar as dificuldades, foram abusados desde a infância e que essa situação acabou dificultando o estabelecimento de uma autoimagem positiva, de uma percepção realística da situação, levando a dúvidas sobre a própria percepção e desenvolvimento de sentimentos como raiva e culpa. Pode-se também deduzir que o estresse emocional passado nesses ambientes disruptivos tende a se manifestar por comportamentos agressivos, delinquenciais, e, em alguns casos, por tentativas de suicídio ou comportamentos autodestrutivos.

Apenas Carlo refere uma infância feliz, sem traumas, dado este também encontrado por Paris (1992) em alguns relatos de pacientes *borderline*. Cabe notar que quando se fala em personalidade, pressupõe-se influências biológicas, psicológicas e sociais, sendo que, dependendo da natureza e tempo dessas influências, uma modifica as outras, tornando-se difícil predizer as dificuldades.

2

Organização de personalidade *borderline*

Na abordagem psicanalítica, a maioria dos autores descreve um funcionamento de personalidade limítrofe, na fronteira entre a neurose e a psicose, não se ocupando com o diagnóstico descritivo, abrindo espaço para um vasto leque de terminologias que, por vezes, se confundem com as utilizadas nos diagnósticos nosológicos.

Os estudos nessa área, segundo Romaro (1993), de um modo geral referem-se a um funcionamento de personalidade *borderline*, associando a este elementos de: — caráter narcisista, caracterizado por um padrão particular de estabelecimento de vínculos; — estrutura egoica frágil, com um baixo limiar à frustração, dificuldade no controle dos impulsos e falhas no processo sublimatório; — relações objetais patológicas; — distorções no processo de estabelecimento da identidade, com tendência ao desenvolvimento de um falso *self* expresso por sintomas de despersonalização; — sexualidade polimorfa; — presença de fantasias e/ou relações sadomasoquistas; — intenso sentimento de vazio interior.

No Congresso Psicanalítico de Paris, 1957, Rosenfeld, comentando um dos trabalhos apresentados, considera os estados psicóticos *borderline* enquanto uma defesa que alcança êxito relativo contra os estados esquizoparanoides agudos, representando falhas em lidar com as ansiedades infantis (Paz, 1976). Em 1964, Rosenfeld desenvolve o conceito de narcisismo do ponto de vista das relações objetais, introduzindo a noção de fusão patológica dos instintos.

Bion (1962), O'Shaughnessy (1981) e Steiner (1979, 1987) desenvolvem o conceito de "organização defensiva" enquanto uma formação patológica global, basicamente narcísica, que reflete a preponderância da identificação projetiva, criando objetos controlados por partes do *self* projetados para dentro dele, e que então, por meio do mecanismo de cisão, tende a criar inúmeros objetos que são reunidos em uma estrutura altamente organizada, que é estável e muito resistente a mudanças.

A organização patológica funciona como uma defesa contra a fragmentação, confusão e ansiedade persecutória da posição esquizoparanoide e contra a dor mental e a ansiedade da posição depressiva, possibilitando uma pseudointegração sob o domínio da estrutura narcísica.

Silva Filho (1989) faz uma explanação das contribuições advindas da escola kleiniana, ressaltando os conceitos de Rosenfeld sobre narcisismo destrutivo, de Meltzer-Bick sobre a identificação adesiva, de Sohn abordando o identificado, de Betty Joseph sobre a adição à quase morte, de Steiner com o desenvolvimento do conceito de organizações patológicas e Bion com a parte psicótica da personalidade. Tais contribuições formariam um triângulo com a posição esquizoparanoide e a posição depressiva, com influências mútuas, mas com maior interação de um dos lados, quando a preponderância da organização patológica, posição depressiva, apontaria para a possibilidade de uma maior eficácia terapêutica.

Romaro (1991) ressalta que, também na abordagem psicanalítica, a polêmica sobre a natureza do funcionamento *borderline* se mantém acirrada, salientando que autores como Boyer e Giovacchini (1967), Frosch (1966), Giovacchini (1975), Kernberg (1966, 1967, 1968, 1969), Khan (1964), Little (1966), Mahler (1958, 1971), Mahler, Pine e Bergman (1975), Masterson (1972), Masterson e Rinsley (1975), Modell (1963), Wolf (1957) e Zetzel (1971) apontam para a importância da relação mãe-criança em uma perspectiva desenvolvimentalista, enquanto autores como Adler (1985, 1989, 1990, 1993), Adler e Buie (1979), Brandchaft e Stolorow (1987) e Kohut (1971, 1977) ressaltam as funções do ego, em termos das dificuldades e falhas no desenvolvimento do *self* que conduzem ao déficit psíquico.

Cabe notar que, por meio de uma análise mais aprofundada dos diversos pontos de vista, se percebe que a maioria desses autores enfatiza a inter-relação existente entre o desenvolvimento do ego e o tipo de relação objetal estabelecido, mudando apenas a ênfase dada. Autores como Kernberg (1966, 1967, 1968) e Masterson e Rinsley (1975) consideram que *a fixação de desenvolvimento dos pacientes* borderline *ocorre durante a fase de separação-individuação, intersectando-se com o contínuo psicossexual: narcisismo — primórdios do estágio oral postulado por Freud* (Romaro, 1991, p. 32).

A estrutura de personalidade patológica dos pais é apontada como um dos fatores que predispõe ao desenvolvimento do quadro *borderline*, em razão de trocas afetivas que não possibilitam uma relação suficientemente boa com as figuras parentais que ajude a suportar a passagem pelo processo de separação-individuação, devido a agressões físicas e/ou psicológicas advindas de ambientes familiares caóticos e disruptivos, em que a comunicação é truncada e os afetos expressos de forma pobre e inadequada.

Bezirganian, Cohen e Brook (1993), Golomb et al. (1994) e Weil e Olewkowiez (1989) ressaltam a dificuldade de a mãe com organização de personalidade *borderline* desempenhar satisfatoriamente a função materna.

Kernberg, em seus trabalhos, associa a teoria das relações objetais à psicologia do ego, propondo a existência de uma organização de personalidade *borderline*.

Kernberg (1967) estuda três aspectos da síndrome *borderline*: o descritivo, o estrutural e o dinâmico. Dinamicamente, considera-a uma organização patológica de personalidade específica e estável, caracterizada pela labilidade egoica expressa pelo baixo limiar à frustração, pela dificuldade no controle dos impulsos e pelo uso insuficiente do mecanismo de sublimação, além de um pensamento característico do processo primário e da utilização da cisão enquanto defesa básica, além dos mecanismos de idealização primitiva, desvalorização, negação, identificação projetiva e onipotência.

Etiopatologicamente, considera a existência de uma intolerância constitucional à ansiedade, excessivas frustrações reais e agressividade acentuada. Esses fatores provocariam dificuldades na síntese de introjeções positivas que não assumiriam forças suficientes para neutralizar as introjeções negativas, predominando a intensificação e a fixação patológica dos processos de clivagem.

A capacidade relativa de apreensão da realidade dever-se-ia ao fato de as *imagens de si* e as *imagens do objeto* encontrarem-se relativamente diferenciadas, o que evitaria a fusão regressiva ao nível psicótico. No intento de escapar da raiva oral, haveria um desenvolvimento prematuro dos esforços genitais, podendo resultar em homossexualidade, promiscuidade, tendências masoquistas e tendências sexuais perverso-polimorfas.

Para Kernberg (1975, 1976, 1980, 1984) a fixação no estágio posterior à diferenciação *self*-objeto reflete a ambivalência e o conflito aproximação-separação (o que se assemelha ao processo de transição entre a posição esquizoparanoide e a posição depressiva, descrita por Klein), caracterizando os estados *borderline*.

> *As condições* borderline *são caracterizadas pela diferenciação do* self *e das representações objetais e, portanto, pela manutenção do teste de realidade, mas também por uma incapacidade para sintetizar o* self *como um conceito integrado e os conceitos de outros significativos. Um predomínio dos mecanismos de cisão das relações, relações objetais e* self *múltiplos, dissociados ou ex-cindidos relacionados, caracteriza a estrutura de ego dessas condições e explica a fixação defensiva a um nível de falta de integração do* self *e fracasso na integração do superego* (Kernberg, 1984, p.162).

Para Kernberg, na organização *borderline* existe a negação das diferenças entre o *self* e o objeto, mas não a negação da separação.

Kernberg (1975, 1980, 1984) e Kernberg et al. (1989) consideram que a organização de personalidade *borderline* se baseia em três critérios estruturais: 1) síndrome da difusão da identidade que implica um conceito mal integrado do próprio *self* e de outras pessoas importantes, manifestando-se clinicamente por meio de um sentimento crônico de vazio; autopercepções contraditórias; comportamentos contraditórios que a pessoa não consegue integrar de maneira emocionalmente significativa; percepções caricaturais e empobrecidas dos outros, levando a relações interpessoais superficiais, instáveis, pouco empáticas e marcadas pelo baixo limiar à frustração. A capacidade de avaliação realística dos outros e das situações é prejudicada e em geral invadida por aspectos conflitivos, condensados de caráter pré-genital e genital; 2) mecanismos primitivos de defesa mobilizados para protegerem o ego contra os conflitos insuportáveis entre amor e ódio que impedem a integração da identidade. O mecanismo básico utilizado é a cisão, com seus correlatos que enfraquecem ainda mais as possibilidades adaptativas do ego; 3) capacidade de testar a realidade é preservada, porém pode sofrer prejuízo em situação de estresse.

Kernberg salienta que *os sintomas descritivos de pacientes* borderline *são semelhantes aos que se apresentam nas neuroses sintomáticas comuns e na patologia de caráter, mas a combinação de certas características é peculiar aos casos* borderline. Lista seis sintomas que considera particularmente importantes e que são reproduzidos a seguir, citados no livro "Transtornos Graves de Personalidade", Kernberg (1984, pp. 11-12):

1. *Ansiedade — Crônica, difusa e eqüiflutuante.*
2. *Neurose polissintomática:*
   a. *Fobias múltiplas, especialmente as que impõem graves restrições à vida quotidiana do paciente.*
   b. *Sintomas obsessivo-compulsivos que adquiriram egossintonia secundária e, portanto, uma qualidade de ação e pensamento supervalorizados.*
   c. *Sintomas múltiplos de conversão elaborados ou bizarros, especialmente se são crônicos.*
   d. *Reações dissociativas, especialmente estados crepusculares, fugas histéricas, e amnésia acompanhada de perturbações da consciência.*
   e. *Hipocondria.*
   f. *Tendências paranóides e hipocondríacas com qualquer outra neurose sintomática (uma combinação típica indicando um suposto diagnóstico de organização* borderline *de personalidade).*
3. *Tendências sexuais perversas polimorfas — Desvio sexual manifesto, dentro do qual várias tendências perversas coexistem. Quanto mais caóticas e múltiplas as fantasias e ações perversas, e quanto mais instáveis as relações objetais ligadas a essas interações, mais se deveria considerar a presença de organização* borderline *de personalidade. As formas bizarras de perversão,*

especialmente as que manifestam agressão primitiva ou substituição primitiva de objetivos genitais por objetivos eliminatórios (urina, defecação), são também indicativas de uma organização borderline *de personalidade subjacente.*

4. *Estruturas de personalidade pré-psicóticas clássicas — Incluem:*
   a. *A personalidade paranoide (tendências paranóides de intensidade tal que determinam o diagnóstico descritivo principal).*
   b. *A personalidade esquizóide.*
   c. *A personalidade hipomaníaca e a personalidade ciclotímica com fortes tendências hipomaníacas.*
5. *Neurose de impulso e adicções — Patologias graves de caráter nas quais a erupção crônica e repetitiva de um impulso gratifica as necessidades instintivas de um modo que é egodistônico, independentemente dos episódios que são dominados pelo impulso, mas é egossintônico e, de fato, altamente prazeroso durante o episódio em si. Alcoolismo, adicção e drogas, algumas formas de obesidade psicogênica e cleptomania são exemplos típicos.*
6. *Transtornos de caráter de nível mais baixo — Inclui-se aqui a patologia grave representada pelo caráter caótico e dominado pelo impulso em contraste com os tipos clássicos de estrutura de formação reativa de caráter e os mais moderados caráteres de traços evitativos. Sob um ponto de vista clínico, a personalidade histérica típica não tem estruturas* borderline*; o mesmo se aplica a maior parte das personalidades obsessivo-compulsivas e às estruturas depressivas de personalidade (Laughlin, 1967) ou personalidades masoquistas mais bem integradas. Em contraste, muitas personalidades infantis e personalidades narcisistas típicas apresentam uma organização* borderline *subjacente; as personalidades como se também pertencem ao último grupo.*

Para Kernberg et al. (1989), o diagnóstico de distúrbio de personalidade *borderline* elaborado por meio dos critérios propostos pelo DSM-III, apesar de apropriados para fins de pesquisa, clinicamente não distingue níveis de gravidade da personalidade, trazendo poucas implicações para a etiologia, tratamento ou prognóstico. Considera que sua conceituação de organização de personalidade *borderline*, por ser descritiva e estrutural, contribui com maiores elucidações clínicas, por basear-se em três critérios estruturais: a difusão da identidade, o nível de operações defensivas e a capacidade de teste de realidade. Compreende a organização de personalidade enquanto uma entidade diagnóstica psicoestrutural na qual as predisposições genéticas, psicodinâmicas e de temperamento convergem, diferenciando os distúrbios de personalidade das estruturas neuróticas e psicóticas.

Kernberg (1984) e Kernberg e Clarkin (1992) apontam que o diagnóstico de organização de personalidade *borderline* abarca vários tipos de patologias do caráter descritos pela literatura, discutindo a vaguidade dos critérios diagnósticos propostos pelo DSM-III, pois um mesmo paciente pode ser diagnosticado em mais de um dos 11 transtornos de personalidade classificados. Do ponto de vista psicanalítico salientam que os trabalhos não são contraditórios, mas sim abordam ou enfatizam facetas e aspectos diferentes desse complexo quadro.

Rosenfeld (1979) enfatiza mais os aspectos narcisistas e paranoides (comparáveis aos critérios do DSM-III para distúrbio narcísico da personalidade), Masterson (1972, 1978, 1980) e Rinsley (1980) os aspectos infantis da personalidade, Gunderson (1977, 1982) os aspectos histriônicos (correspondendo aos distúrbios histriônicos da personalidade e distúrbio *borderline* de personalidade) e Fairbairn (1954) e Rey (1979) destacam os aspectos esquizoides (transtornos esquizoides e esquizotípicos da personalidade).

Como diz Green (1988), devido à complexidade que envolve a compreensão dos quadros *borderline*, encontra-se na literatura vastas áreas de concordâncias e de experiências em comum, tais como as dificuldades em se trabalhar a relação terapeuta-paciente. Quanto à técnica, as discordâncias são mais acirradas, com vasta gama de orientações diferentes, pois as percepções são mais fáceis de serem compartilhadas que as concepções, em geral imbuídas de preconceitos.

3

Aspectos psicodinâmicos do transtorno de personalidade *borderline*

O paciente *borderline* é alguém frágil, às vezes cordial, amigável, competente, até envolver-se em situações difíceis, estressantes, em que aflora um padrão característico de desorganização, instabilidade da autoimagem, humor e relações interpessoais, sendo propenso a episódios psicóticos breves em momentos de intensa ansiedade ou em situações não estruturadas, suscetível de passar por episódios de despersonalização ou desrealização. Pode experimentar sentimentos de depressão, ansiedade, pânico, raiva, confusão, tendência a autoagressão, com relacionamentos repletos de "cenas", parecendo não prever as consequências de seus atos, guiando-se mais pelo princípio do prazer.

O conjunto das queixas assemelha-se a um quebra-cabeça, com peças ou fragmentos de vários tamanhos, cores, padrões e texturas, que destoam, não se encaixam. Essa contradição é uma tônica em sua vida e experiências, podendo mesmo chegar a dissociações que assumem características próximas a múltiplas personalidades, gerando, naqueles com quem convive, um sentimento de perplexidade, de incômodo, que pode evoluir para o abandono.

Essas características sugerem padrões inconscientes que se expressam por pensamentos, sentimentos e atos, existindo como hábito inflexível e danoso, algo que o indivíduo reluta em reconhecer.

Em seu mundo interno, divide as pessoas em duas categorias: boas e más, amigas e inimigas. Idealiza uma relação em que haja uma harmonia total, fusionando-se com o outro, o que resulta em desilusões constantes. Pelo alto nível de expectativas em relação aos outros e as frequentes desilusões, muitas vezes sua atitude torna-se marcada pelo cinismo, amargura, fantasias de vingança, com profundo sentimento de desconfiança. Ao mesmo tempo que deseja, teme sentimentos profundos e autênticos, pelo medo de sofrer, acentuando a sensação de vazio interior, a falta de sentido na vida, com tendência à depressão.

A depressão, como é característica nos quadros *borderline*, apresenta-se como uma depressão de base, expressando-se pelo sentimento de vazio, com predomínio da inveja e da agressividade contra o objeto e contra o eu.

Pela dificuldade em integrar as representações "boas" e "más" em relação ao *self* e ao objeto, continua idealizando uma relação de fusão em relação ao objeto de amor, na busca de recuperar a idealizada relação simbiótica com a mãe. O outro precisa estar presente o tempo todo, pois internamente não estabelece a constância do objeto; separar-se assume o significado de perder, existindo então uma adesão a esses objetos que se tornam idealizados ou desvalorizados. A perda é sentida como a perda do próprio *self*, visto a diferenciação entre *self* e objeto ser pouco clara.

A exagerada suscetibilidade e exigência de afeto parece ter por base a intolerância à ausência do objeto, visto a impossibilidade do estabelecimento da constância objetal, que, de acordo com Klein (1952), implica na habilidade da criança para manter uma imagem emocional da mãe como sendo basicamente boa, mas também como tendo qualidades boas e más, uma imagem que muda pouco, ante as frustrações, ou durante as ausências da mãe.

Como o *borderline* não consegue atingir tal estágio de desenvolvimento, que implica a vivência de um objeto interno integrado no qual coexistam aspectos positivos e negativos, adere-se ao objeto precisando deste concretamente para se sentir amado. Sua vulnerabilidade às frustrações torna-se aumentada, bem como seu temor de abandono e seu intenso sentimento de vazio, só conseguindo relacionar-se com partes cindidas do objeto por meio de mecanismos defensivos muito primitivos, que tornam caóticas suas relações mais íntimas. Isso talvez explique o porquê de nas relações interpessoais superficiais sentir-se mais seguro e adequado, visto não temer o abandono pelo não envolvimento.

Permanece em um estágio de desenvolvimento pré-edípico, em que não há lugar para a terceira pessoa e o outro é visto como um meio de resolução de necessidades e problemas, estabelecendo relações exploratórias, manipulativas e grudentas.

O objeto ausente, vivenciado como persecutório, tende a desencadear um sentimento de fragmentação, aumentando a necessidade de o indivíduo sentir-se incondicionalmente contido, refletindo a ausência de um objeto bom interno protetor, que propicie a criação de um espaço interno em que o eu e o não eu possam ser diferenciados. Esses objetos que não puderam ser separados do ego acabam por assumir o papel de um superego inexorável e cruel. Diante da perda, percebe-se a tendência à regressão para a posição esquizoparanoide, o que impede a possibilidade de reparação, haja vista a identificação com o objeto perdido. Como a perda torna-se então irreparável, esta conduz à melancolia. Outras defesas utilizadas contra a culpa são a negação maníaca e o *acting out*, como forma de aplacar a dor, como sintetiza Silva Filho (1989).

A precoce experiência do ego cindido mobiliza a projeção das partes cindidas no objeto externo, frequentemente precipitando a fusão ou a identificação das partes projetadas, sendo que ao projetar a agressão sobre o outro também mobiliza o temor da retaliação, caracterizando assim o componente persecutório do quadro *borderline*, segundo Rosenfeld (1969).

Pelo mecanismo de identificação projetiva, ocorre o deslocamento de uma parte da personalidade (*split off*) e a projeção desta dentro de um objeto, que em geral passa a funcionar como um objeto perseguidor, deixando a mente de onde foi destacada empobrecida (Bion, 1967).

Em geral, um evento precipitante mobiliza um forte sentimento de abandono, de perda, dando início a um episódio disfórico, em que os sentimentos de depressão, raiva, ansiedade e desespero, comumente associados a temor, ciúmes, raiva de si mesmo, acabam por desencadear uma oscilação de humor, aumentando o nível de estresse e de dor emocional. Concomitantemente, parece ocorrer um processo de regressão em que os afetos ficam pouco diferenciados, minando o processo cognitivo com tendência a funcionar então em nível de processo de pensamento primário, com intenso desespero. Nesses momentos, por vezes, existe o pedido de socorro, como uma tentativa de "voltar a pensar", que, em seguida, em alguns casos, é acompanhado da própria tentativa de suicídio e, em outros, de comportamentos ou atitudes autodestrutivos, seguidos de sentimentos de culpa, vergonha e confusão, como apresentado por Leland (1991a, 1991b), Liebenluft, Gardner e Cowdry (1987) e Liebowitz (1987).

A disforia, funcionando como uma forma de descarga, caracteriza-se também por episódios dissociativos com a emergência de mecanismos defensivos primitivos, como o *splitting*, a negação com a função de aliviar a ansiedade e a culpa, como por comportamentos autodestrutivos.

A fantasia de estar em perigo pela introjeção de maus objetos internos que representam os próprios impulsos agressivos do paciente parece levá-lo a experienciar um sentimento de maldade ou de depreciação interior, acentuando a angústia de aniquilamento. Na tentativa de suprimir os objetos maus, acaba existindo também a supressão dos objetos bons, ocorrendo a sensação de vazio, o "buraco" do qual o *borderline* se queixa.

Antônio e Marta frequentemente queixavam-se da "preguiça", da sensação de não prestarem para nada, expressando esse sentimento de maldade interior, de impotência, de incompetência, como a parte mal e secreta existente dentro deles, representando suas próprias atividades perversas.

A negação dos aspectos "maus" parece levar à inibição da iniciativa, ao sentimento de depreciação, ao vazio ou à despersonalização, bem como ao sentimento de perseguição (experienciado em diferentes níveis), como também conter alguns elementos reparadores que, uma vez integrados, poderiam possibilitar o *insight*.

Diante da vivência dos objetos perseguidores internos, o ego pode mobilizar defesas como a desrealização, a despersonalização, a hipocondria e a ansiedade de ser examinado (Thorner, 1955).

Antônio sofreu um desmaio próximo ao portão da escola em que prestaria o exame vestibular. No período das provas sentia-se nervoso, tendo desistido de vários cursos universitários.

O sentimento de irrealidade pode ser acompanhado de analgesia envolvendo primitivos mecanismos defensivos, principalmente o *splitting*. A disforia pode ser acompanhada de uma impossibilidade de pensar, com quebra na cadeia associativa e distorções perceptuais, sem possibilidade de conectar os afetos disfóricos, como pode ser ilustrado pelo caso de Néa.

> Nas entrevistas iniciais, **Néa** frequentemente parecia não entender o que a entrevistadora lhe dizia, em outros momentos mudava rapidamente de assunto, falando alto e gesticulando de forma ansiosa. Existiam ainda momentos em que parecia ter uma boa compreensão e capacidade de *insight*. Sua pergunta "Como?" vinha sempre acompanhada de ansiedade e da necessidade de dizer que era muito inteligente, tendo feito um curso universitário.

Nesse caso, a capacidade cognitiva que pode ser usada para caracterizar, qualificar, nomear e basicamente conectar afetos disfóricos parecia prejudicada em decorrência provavelmente de uma parada no desenvolvimento cognitivo devido a situações traumáticas infantis. Nos momentos em que se sentia mais exigida ou "posta a prova", o nível de estresse aumentava, tendendo a ocorrer uma regressão, com momentânea incapacidade para abstrair, pensar, conectar, o que vem ao encontro das concepções de Liebenluft, Gardner e Cowdry (1987).

> **Carlo** levava uma vida aparentemente estruturada apesar de sua insatisfação sexual no casamento. Quando a esposa pediu a separação, começou a apresentar um baixo limiar à frustração, reagindo de forma impulsiva e agressiva, colocando a perder os plantões e o curso de especialização. Ficou deprimido, com alterações constantes de humor, acentuada ansiedade e dificuldade para se concentrar, pensar ou controlar sua impulsividade, expressando sua fragilidade egoica e sua dificuldade para utilizar de forma adequada seus canais sublimatórios.

A proposição de Kernberg (1975, 1976) de organização de personalidade *borderline*, considerando como componentes estruturais o nível de integração da identidade, os tipos de operações defensivas e a capacidade de testar a realidade, amplia a compreensão dos critérios descritivos propostos pelo DSM-IV para transtorno de personalidade *borderline*.

A essa fragilidade com que a identidade é integrada, por meio de sintomas, da expressão dos conflitos internos, das dificuldades na percepção e contato consigo mesmo e com o outro, Kernberg (1975, 1976) denominou de *síndrome de difusão da identidade*, que implica um estado de ego mutuamente dissociado, com ausência de integração das representações do *self*, do objeto e do superego.

Clinicamente, observam-se expressões de difusão de identidade por meio do sentimento de vazio, de percepções contraditórias de si e do outro, conceito rebaixado de si, comportamentos e sentimentos contraditórios que o indivíduo não consegue compreender e integrar, além de uma percepção superficial do outro, o que acaba caracterizando relações interpessoais superficiais, confusas, instáveis, intensas, marcadas pelo baixo limiar à frustração e pela reduzida capacidade empática. Essa visão distorcida da realidade interna e externa, por vezes, conduz a comportamentos autodestrutivos.

Nesse processo, os mecanismos defensivos primitivos predominam, principalmente o *splitting*, impedindo a vivência de relações com objetos totais, pela intensidade dos impulsos agressivos pré-genitais, conduzindo a uma visão distorcida da realidade. Mecanismos como a negação, a idealização primitiva, a desvalorização, a onipotência e a identificação projetiva também permanecem ativos, caracterizando o mundo de relações, com a necessidade de ter o outro sempre por perto, sob controle, com acentuado temor do abandono.

Como já foi visto, a falta de integração do superego conduz à reprojeção de núcleos do próprio superego sob a forma de tendências paranoides, e também a representações de objetos sádicos e idealizados ("o oito ou oitenta"), a fortes sentimentos de culpa e a oscilações depressivas do humor.

A forma como Néa descrevia-se e a seus relacionamentos interpessoais ilustra a síndrome de difusão da identidade.

> **Néa** referia em determinados momentos da entrevista ter muitos amigos, que conheceu em suas viagens. Em outros momentos

queixava-se de ser muito só, sem amigos, sem proximidade com os irmãos, sentindo-se pouco aceita pelas pessoas que sempre a consideravam "criançola" (sic). Descrevia seus relacionamentos interpessoais como superficiais e ocasionais (fãs-clubes, albergues, shows de *rock*), não se sentindo levada a sério por ser roqueira e esportiva, por não ligar para se arrumar e não ser vaidosa. Achava que as pessoas se afastavam dela por ser "muito narcisista" (sic) e por falar muito de seus próprios problemas. Sempre se decepcionava com as pessoas, nunca eram de fato tão amigas como ela julgava; confiava muito depressa. Sentia-se irritada quando rejeitada; em geral desconfiava das pessoas. Percebia também que sua mania de organização e controle prejudicava suas relações, só referindo como pessoa mais próxima a mãe e uma prima que não via há anos. Nos momentos de estresse ficava agressiva, às vezes partindo para o ataque físico.

Quando lhe foi pedido que se descrevesse, traçou o seguinte perfil: "Uma pessoa alegre, alto astral, que gosta muito de música, movida a *rock and roll*, impulsiva e agressiva. Sou Neielle legal, eu só sou nervosa no trabalho. Neielle, esse é o meu nome artístico" (sic). Disse não considerar a vida ruim, mas sentir-se insatisfeita no trabalho e em sua profissão. Às vezes sentia-se deprimida.

Percebia que os outros a consideravam criança em relação à idade "porque sou nova, pouca experiência de vida" (sic), fazendo alusão à falta de experiência sexual; nunca havia namorado. Supunha que também a considerassem esperta porque gostava de viajar, comentando que sempre lhe diziam para trabalhar na TV.

Gostaria de tratar de sua mania de limpeza, pois considerava ser esta sua maior dificuldade com as pessoas, gerando atrito. Gostaria também de não ser tão só, poder fazer amizades, não se sentir tão triste, ser menos ansiosa e falar mais baixo; não se sentir tão decepcionada com a vida.

O que gostaria de tratar parecia pertencer a Néa, enquanto Neielle expressava um lado artístico, roqueiro, criativo e alegre, por meio do qual tendia a negar as dificuldades encontradas na realidade. Enquanto Neielle, permanecia com 16/17 anos, era uma adolescente que tendia a negar que a vida estava passando e que permanecia só, fazendo muito esforço para não se deprimir e não entrar em contato com a dor.

Pode-se observar como a utilização dos mecanismos defensivos primitivos, dependendo de sua intensidade, interfere na percepção da realidade, embora não altere substancialmente o teste de realidade, pois Néa podia manter seu emprego, em momentos de crise, de forma claudicante, podendo ainda utilizar o canal sublimatório da arte, embora seu mundo interno apresentasse uma marcada difusão da identidade.

> **Suelen** apresentou-se na entrevista com o psiquiatra de forma vulgar, insinuando-se, falando palavrões e descrevendo-se como uma mulher de programas. No entanto, na entrevista de triagem, com um terapeuta do sexo feminino, falava de forma bastante educada, dizendo-se bastante fiel ao parceiro e uma avó dedicada.

Para cada profissional, Suelen pareceu ter apresentado uma faceta de si mesma, de forma convincente. Não chegou a ser explorado o quanto tinha consciência dessas facetas, que só foram percebidas em discussão clínica posterior com o outro profissional. Compareceu somente a essas duas sessões, abandonando o tratamento sem avisar.

Observa-se também a dificuldade de o paciente *borderline* assumir os papéis parentais, tendendo a identificar-se com o filho, relacionando-se mais como um irmão, ou, nos casos mais regredidos, como filho do filho. Isso em parte explica-se pelo fato de ele permanecer em um nível de desenvolvimento pré-edípico, em que não há lugar para a terceira pessoa.

Evidencia-se também o estabelecimento de relações de cunho simbiótico, em que parece existir um pacto com caráter sadomasoquista entre os parceiros, que se perpetua. Os impulsos agressivos predominando sobre os libidinais acentuam o aspecto transgressor das relações afetivas e sexuais, simbolizando o violar das proibições edípicas. O parceiro em alguns casos é vivenciado como o próprio genitor.

> **Carlo** descrevia-se como "relativamente fiel", mantendo alguns casos extraconjugais. Seu caso atual era uma amiga e vizinha de sua cunhada (a esposa morava na casa dessa cunhada), achando que nunca ninguém desconfiaria da situação, por ser muito discreto.

Dinamicamente, Carlo sentia-se como um filho sedutoramente infantil, objeto de competição de duas mulheres, uma santa, mãe dos filhos, esposa maternal, e, a outra, amante sexualmente excitante, mas emocionalmente desvalorizada. Sua fantasia, ao trair, possuía um cunho vingativo, de uso, um desejo de enganar a esposa devido a esta não sentir prazer ao seu lado. O terceiro elemento representaria o objeto edípico desejado, em uma situação em que ele não precisaria escolher, em uma triangulação inversa (Kernberg, 1995).

A agressão conjugal expressava-se pelo conluio inconsciente de encontrar uma terceira pessoa que representasse o ideal condensado de um e o rival de outra (amiga). A emoção do jogo era o risco da descoberta, ser surpreendido em "traição". Tanto que, ao ser surpreendido pela esposa, perdeu o interesse pela amante e por outras mulheres, o que lhe despertou um sentimento de estranheza.

A amizade entre a "esposa" e a "amante" parecia ligar a identificação da vítima da traição com o próprio parceiro, com o objetivo de admirarem e sentirem desejo de estar perto "da outra", ter a amizade, estreitar vínculos.

Carlo tinha muita dificuldade em entrar em contato com a culpa por querer as duas, por ter uma relação triangular (negando até mesmo sua existência); defendia-se do sentimento de culpa por meio de um comportamento provocador em relação à sua cônjuge, visando induzir uma rejeição e assim aliviar sua culpa, justificando seus casos — sempre se colocava como vítima, negando sua participação, projetando a culpa na esposa.

Os componentes pré-edípicos emergiam em um relacionamento infantil, dependente e sutilmente explorador com ambas as mulheres, achando-se com muitos direitos e ficando indignado diante das cobranças ou frustrações. Para manter um relacionamento prolongado com a esposa sempre precisou de relacionamentos compensatórios com outras mulheres, nos quais se sentia envolvido, mas não comprometido, no sentido de estabelecer uma intimidade.

4

Modalidades terapêuticas com pacientes *borderline*

As mesmas discordâncias e controvérsias quanto à compreensão e ao enquadramento do quadro *borderline* que perduram há décadas também expressam-se nas indicações e nos tipos de tratamento, não existindo um consenso sobre a forma mais eficaz de terapêutica com tais pacientes.

Em 1976, Paz, resumindo as características típicas dos pacientes *borderline* segundo a literatura internacional, salienta que a grande maioria dos autores aconselha uma psicoterapia diretiva, reeducativa e orientadora, com ênfase exclusiva na transferência positiva.

A partir da década de 1980, a terapêutica tem sido objeto de muitos e variados estudos tanto com pacientes ambulatoriais quanto com pacientes hospitalizados em enfermarias psiquiátricas, hospitais-dia ou comunidades terapêuticas.

Os contextos de tratamento indicados para o transtorno de personalidade *borderline* incluem a psicanálise, a psicoterapia psicanalítica expressiva, a psicoterapia suportiva, a psicoterapia de grupo, a psicoterapia familiar, as hospitalizações totais e parciais, os tratamentos residenciais, as comunidades terapêuticas, a abordagem cognitivo-comportamental, a combinação de drogas e psicoterapia e as intervenções em crise (Higgitt & Fonagy, 1992; Paris, 1993).

O transtorno de personalidade *borderline* é uma doença crônica com acentuada morbidade e mortalidade, e a ausência de evidência dos efeitos para um tratamento específico parece concordar com o próprio curso da desordem, sendo propostas várias opções para o manejo clínico. Essas opções podem ser incluídas em um modelo que priorize uma avaliação contínua e uma intervenção ativa intermitente.

As diversas modalidades de tratamento propostas pautam-se em diferentes modelos diagnósticos, em diferentes referenciais teóricos e algumas vezes na ênfase em determinados aspectos etiológicos, porém, sempre parecem levar em consideração o nível de severidade da patologia, a motivação para o tratamento, os recursos ambientais e familiares disponíveis, como apresentados a seguir:

— De Chenne (1991) considera o diagnóstico como uma possibilidade de comunicação terapêutica, como uma modalidade de interpretação.

— Schaffer (1990), examinando os modelos teóricos e terapêuticos propostos por Kernberg, Adler e Gunderson, discute a importância de uma abordagem terapêutica que evite tanto o extremo da empatia quanto o da confrontação, por meio da compreensão da plausibilidade e adaptabilidade das experiências e dos comportamentos do paciente *borderline*, bem como sua não aceitação e má-adaptação. Salienta também a dificuldade de se manter tal balanceamento devido às reações contratransferenciais despertadas por esses pacientes.

— Jonhson (1991), partindo do pressuposto que a patologia *borderline* é uma condição heterogênea e que várias desordens podem estar presentes, observa que o tratamento psicofarmacológico pode auxiliar dependendo do substrato biológico da desordem, enquanto as abordagens psicoterápicas e socioambientais são indicadas para pacientes que possuam um ambiente familiar e social suportivo e estruturado. Para Caparros (1995), na classificação dos vários tipos de desordens de personalidade *borderline*, coexistem fatores bioquímicos, neurofisiológicos, genéticos e médico-legais, relacionados à estrutura de personalidade.

— Saunders e Arnold (1993) discutem a natureza e o tratamento do distúrbio de personalidade *borderline* à luz da evidência dos efeitos severos do abuso infantil sofrido, considerando que as estruturas cognitivas associadas ao *splitting* e a identificação projetiva podem ser melhor descritas como internalizações de experiências traumáticas do que como defesas contra conflitos intrapsíquicos. Propõem um tratamento suportivo-exploratório.

— Van-der-Kolk et al. (1994) ressaltam o impacto emocional de prolongados e severos traumas (físicos, emocionais, sexuais), principalmente os ocorridos na tenra infância, considerando enquanto tarefa do terapeuta compreender a ligação memória/afeto, devendo o tratamento basear-se na corrente emocional e cognitiva, para que o passado do trauma possa ser assumido. Perry et al. (1990) também destacam a importância de se trabalhar os efeitos do impacto emocional decorrido da situação traumática.

A intervenção psicofarmacológica

Stone (1990c) considera que o trabalho com pacientes *borderline* deve abarcar a dicotomia dogmatismo/pragmatismo, revestindo-se de um ecletismo capaz de empreender uma psicoterapia analítica, com técnicas comportamentais suportivas, além do uso de psicofármacos.

Swenson e Wood (1990) apontam para obstáculos encontrados na associação dos modelos psicoterápicos e psicofarmacológicos em pacientes *borderline* hospitalizados, considerando enquanto fatores complicadores: — a imprecisão do papel biológico na base da patologia; — a instabilidade e imprevisibilidade da condição clínica desses pacientes; — as fortes reações emocionais em relação à equipe de trabalho. Brockman (1990) discute o uso da medicação como uma experiência regressiva, considerando desaconselhável a prescrição de psicofármacos no início do trabalho psicoterápico orientado psicanaliticamente.

Liebowitz et al. (1987) ressaltam a eficácia do tratamento medicamentoso associado a uma abordagem psicoterápica para pacientes com comportamentos autodestrutivos, a fim de reduzir sua extrema sensibilidade nas relações interpessoais. Caran e Kalicanin (1989) e Kantor (1990) recomendam tal associação no tratamento das desordens afetivas, principalmente a depressão.

Koenigsberg (1994) discute as vantagens e desvantagens da associação de psicoterapia e psicofármacos. O uso da psicofarmacologia pode facilitar o processo psicoterápico, diminuindo a possibilidade de término prematuro, regulando os afetos e contendo as regressões psicóticas; a psicoterapia, por sua vez, facilita a observação dos efeitos das drogas. As desvantagens centram-se na possibilidade de cisão entre os tratamentos, estimulando atitudes contratransferenciais. Waldinger e Frank (1989) também sugerem atenção particular às reações transferenciais e contratransferenciais envolvidas em tal associação terapêutica.

O acompanhamento de um paciente *borderline* por dois ou mais terapeutas pode propiciar cisões e alianças, sendo que os aspectos transferenciais devem ser trabalhados no processo psicoterápico, levando-se em conta a modalidade e os objetivos dos trabalhos desenvolvidos, bem como as características de personalidade dos profissionais envolvidos. O próprio ego cindido do *borderline* e o tipo de reações contratransferenciais que mobiliza podem conduzir a efeitos iatrogênicos.

Os pontos de vista apresentam suas divergências quanto à eficácia e associação do tratamento medicamentoso e psicoterápico, porém vale ressaltar que os trabalhos se referem a níveis diferentes de gravidade da patologia.

Em geral empregam-se neurolépticos, antidepressivos e ansiolíticos, não necessariamente associados. Os neurolépticos são indicados para os episódios psicóticos ajudando a agregar o pensamento, para os episódios depressivos e para a diminuição do sentimento de raiva. Os antidepressivos ajudam a diminuir a ansiedade e a depressão.

Hospitalização total e parcial

Muitos estudos abordam e questionam essa modalidade, parecendo haver concordância quanto à sua indicação para casos de autodestrutividade e risco suicida, variando segundo a gravidade e a necessidade de hospitalização total ou parcial.

Kernberg (1984) considera a hospitalização de longo prazo indicada a pacientes extremamente autodestrutivos e/ou que apresentem um funcionamento mental tão desorganizado, com dificuldades marcadas no controle dos impulsos, sérios *acting out*, reação terapêutica negativa, baixa motivação para o tratamento e características antissociais, que se faz necessário um ambiente protetor que facilite a participação em um programa terapêutico. A hospitalização de curto prazo (alguns dias até três meses) é indicada nos momentos críticos que tornam o tratamento externo impraticável, enquanto a hospitalização de longo prazo é indicada em decorrência da atitude do paciente com relação à sua doença.

Kelly et al. (1992) consideram o nível de hostilidade e impulsividade enquanto traços preditivos de abandono, ressaltando que pacientes com comorbidade para uso de drogas e traços histeroides tratados em hospitalização parcial tendem a abandonar mais rapidamente o tratamento do que aqueles em hospitalização total.

McCarthy (1993) discute a necessidade e os efeitos da hospitalização psiquiátrica e a readmissão de pacientes *borderline*, considerando os possíveis danos ao senso do *self*. Geller (1993) e Kennedy (1991) enfatizam a importância da cooperação entre o paciente e as agências de tratamento, no intuito de elaborarem um compreensivo, consistente e viável plano para reduzir a hospitalização desnecessária.

Tucker et al. (1992), partindo do pressuposto de que os comportamentos perturbados e relacionamentos conturbados do paciente *borderline* são manifestações de um prejuízo intrapsíquico, descrevem um tratamento hospitalar intensivo orientado psicanaliticamente.

Para Stone (1990b), devido à natureza da patologia *borderline*, somente interpretações e explorações analíticas não são suficientes, havendo em alguns casos necessidade de hospitalizações longas para pacientes autodestrutivos, embora também tenha considerado que hospitalizações parciais possam propiciar experiências ocupacionais, recreativas, sociais, além de experiências emocionais corretivas, minimizando os níveis de suicídio. Em 1993, Stone discute os limites do *setting* e os benefícios da hospitalização, longa ou breve, para pacientes com risco suicida.

Mehlum et al. (1991) apresentam um estudo longitudinal de pacientes admitidos em hospital-dia, sendo que, três anos após a admissão, os pacientes *borderline* apresentaram uma moderada redução dos sintomas e um resultado global satisfatório.

Alonso (1994) considera a hospitalização parcial como uma psicoterapia de grupo. Mishan e Bateman (1994) analisam as reações que os pacientes *borderline* provocam na equipe de trabalho do hospital-dia, enquanto Rosenbluth (1991) observa essas reações na equipe hospitalar considerando os aspectos contratransferenciais. Cookson (1992) discute como a estrutura institucional pode mobilizar-se, refletindo e atuando o mundo interno do paciente, por meio do mecanismo de identificação projetiva.

Links (1993) propõe um modelo de reabilitação psiquiátrica (PRM) visando a uma melhor compreensão diagnóstica do quadro e uma maior eficácia no nível terapêutico, por meio da promoção de uma validação ambiental, uma possibilidade de desenvolvimento de habilidades e aceitação no meio familiar.

Para Long (1987), o objetivo dessa modalidade de tratamento inclui: — a diminuição do *acting out*; — uma melhor identificação e trabalho dos comportamentos e sentimentos inadequados; — a estimulação das relações interpessoais que podem ser trabalhadas tanto da perspectiva transferencial quanto real.

De um modo geral, nos momentos de maior desorganização da personalidade, em que o risco contra a própria vida se torna mais premente, aconselha-se a hospitalização total ou parcial, comumente associada ao uso de psicofármacos e sessões de psicoterapia grupal ou individual. Um dos fatores a ser considerado é o nível de estruturação e apoio do ambiente familiar e social. Outro ponto importante é a necessidade de um trabalho de apoio com a equipe interdisciplinar para que esta possa ser continente das atuações do *borderline*, criando-se um espaço para se trabalhar as identificações projetivas, em geral destrutivas, que tão comumente geram sérios empecilhos para o prosseguimento do trabalho.

Abordagem multimodal

Devido à natureza da patologia *borderline* e da complexidade que a compõe, alguns terapeutas propõem um trabalho integrando várias modalidades de tratamento, a fim de tentar abarcar globalmente diferentes aspectos e níveis da problemática. Denominam essa abordagem de multimodal.

Ammon (1989), discutindo a etiologia, a sintomatologia, o diagnóstico e o tratamento da síndrome *borderline* em uma perspectiva humanista, enfatiza a necessidade de um modelo holístico, recomendando a inclusão de métodos verbais e não verbais, terapia grupal, individual e do meio. Mellinger (1988) ressalta a importância do trabalho interdisciplinar. Cabau (1989) propõe a associação da psicoterapia individual, grupal e hospitalização. Clarkin, Marziali e Munroe-Blum (1991) descrevem o tratamento familiar-marital combinado com o atendimento individual ou grupal.

Glick et al. (1995), considerando que o transtorno de personalidade *borderline* se origina de uma disfunção cerebral, em combinação com um relacionamento familiar conflituoso, propõem a abordagem multimodal, envolvendo a família em uma terapêutica psicoeducacional ou sistêmica, ou ainda, dependendo do caso, dinâmica, além do uso de psicofármacos e psicoterapia individual (combinados ou não).

A abordagem multimodal destaca e busca tratar diretamente tanto os aspectos intrapsíquicos quanto interpsíquicos, objetivando uma melhor adaptação ao meio, mesclando para isso diferentes modalidades terapêuticas.

Abordagem cognitivo-comportamental

A abordagem cognitivo-comportamental, utilizando métodos específicos que objetivam trabalhar a impulsividade e a instabilidade emocional, tem conseguido gradativamente espaço e sucesso no tratamento de pacientes *borderline*, principalmente por meio da *terapia dialética comportamental* proposta por Linehan em 1983, para pacientes suicidas.

Essa técnica procura focalizar a construção de relações de intimidade, a clarificação de metas a serem alcançadas e a possibilidade de remediar as relações familiares, principalmente com pais e irmãos, se possível reduzindo os efeitos de traumas físicos e sexuais ocorridos no passado, mudando, dessa forma, o contexto de aceitação da realidade.

Linehan (1987) e Linehan et al. (1991, 1994) salientam que pacientes *borderline* crônicos com história de tentativas de suicídio apresentam melhoras no funcionamento interpessoal quando tratados por meio da abordagem cognitivo-comportamental, apesar de seus resultados ao longo do tempo ainda permanecerem questionáveis.

Perris (1994) considera que a terapia cognitivo-comportamental, objetivando trabalhar a reestruturação do modelo disfuncional do *self* e ambiente, de forma focalizada, pode ser eficaz no tratamento dos quadros *borderline*.

Psicoterapia de grupo

Autores como Finn e Shakir (1990), Greene (1990), Harwood (1992), Mitzman e Duignan (1993) e Nehls (1991,1992) abordam aspectos relativos à eficácia da psicoterapia grupal com pacientes *borderline*. Rovera et al. (1991) ressaltam a efetividade da psicoterapia de grupo com pacientes *borderline* em tratamentos hospitalares longos, especialmente devido à flexibilidade do grupo terapêutico. Alonso (1994) propõe, enquanto modalidade de tratamento, a psicoterapia grupal no contexto da hospitalização parcial. Marziali e Munroe-Blum (1987) ressaltam a importância dessa modalidade de tratamento com algumas modificações, entre elas o responder diretamente ao paciente e não ao grupo, possibilitando mudar um negativo e desesperador senso de si, sendo também indicado para pacientes com comportamentos autodestrutivos.

Rauchfleisch (1992) considera que a patologia *borderline* resulta de um distúrbio na interação social, sendo que mecanismos defensivos específicos levam a severas distorções da percepção da realidade, manifestando a patologia na realidade social, destacando a importância de uma referência grupal.

Battegay et al. (1992) descrevem que a psicoterapia de grupo de longo prazo ajuda na comunicação com o mundo externo, servindo de suporte e possibilitando a intervenção em crise. Finn e Shakir (1990) ressaltam a eficácia de psicoterapia de grupo para o tratamento das deficiências egoicas.

Mizen (1994) propõe a integração da psicoterapia individual e grupal e Meissner (1993) observa as dificuldades do tratamento grupal em razão da aliança terapêutica, da transferência e da contratransferência.

Psicoterapia familiar

Weil e Olewkowiez (1989) e Yoda (1992) destacam a importância do manejo terapêutico da díade mãe/criança.

Doane e Becker (1993), Hartman e Boerger (1989), Huck (1990), Lansky (1989), Oualid e Kindinis (1989), Pontalti et al. (1993) e Saito (1992) ressaltam a importância da intervenção familiar, considerando o baixo nível de emoção expressa, o ambiente caótico e disruptivo, nos quais os pais também se apresentam como pessoas bastante comprometidas emocionalmente, favorecendo a ocorrência de agressões físicas e psicológicas.

A análise desses estudos converge para a importância da compreensão e do trabalho com o grupo familiar, embora o tratamento nem sempre alcance o êxito desejado devido ao alto nível de agressão e resistência dos membros do grupo.

Psicoterapia de longo prazo

Segundo Long (1987), a escolha do tratamento usualmente depende menos do diagnóstico de personalidade que das circunstâncias individuais em relação ao funcionamento do paciente, embora geralmente prescreva-se as diversas modalidades terapêuticas de acordo com os sintomas apresentados. Os pacientes *borderline* raramente são indicados para psicanálise, mas frequentemente são encaminhados para psicoterapia de longo prazo, de *insight* ou suportivas.

Monsen, Odegard e Melgard (1989) referem que, após uma psicoterapia intensiva longa com 25 pacientes, 76% conseguiram uma melhora da sintomatologia e capacitação para se situarem em uma área de variação normal do funcionamento psíquico, enquanto 20%, apesar de obterem melhoras, não conseguiram atingir tal nível de funcionamento psíquico.

Melgard, Monsen e Odegard (1991) estudam as mudanças ocorridas em padrão de vida, rendimento, relações sociais, atividades de lazer e necessidade de recorrer a serviços médicos, psiquiátricos e sociais ao longo de uma psicoterapia intensiva longa (cerca de dois anos e meio).

Najavits e Gunderson (1995) salientam que pacientes tratados por meio de uma psicoterapia de longo prazo mostram melhora significativa em diversas áreas (como obsessiva e fóbica), sem manifestarem deterioração significativa de outros aspectos, apesar de geralmente apresentarem um curso errático de melhoras.

As psicoterapias de longo prazo, independentemente das técnicas utilizadas, parecem conduzir a mudanças adaptativas significativas.

Os trabalhos relativos à abordagem psicanalítica e à psicoterapia breve dinâmica serão apresentados nos próximos capítulos.

5

Abordagem psicanalítica

Neste capítulo, ressaltam-se primeiro alguns percalços encontrados no trabalho psicanalítico com o paciente *borderline* e posteriormente a modificação técnica proposta por Otto Kernberg.

O *borderline* é considerado um paciente de difícil acesso, devido à impetuosidade e fragmentação de suas manifestações transferenciais e das reações contratransferenciais que mobiliza. Um dos desafios do analista é criar um espaço mental em que o pensar possa ocorrer, tornando representável o irrepresentável, por meio da transferência analítica, que possibilitaria ao paciente aprender a negociar com o constante terror experienciado em sua vida associado aos movimentos em busca da autonomia (Marsili, 1992; Silver, 1992).

Cabe notar que as questões ligadas às experiências traumáticas dificultam o processo de simbolização, tornando-as irrepresentáveis, inatingíveis, mobilizando sentimentos terroríficos e angustiantes (Levitt, 1992; Marsili, 1992; Mitrani, 1992; Smith, 1993).

Duparc (1992a, 1992b) e Ville (1992) ressaltam que a perda vivenciada como não representável expressa-se por meio da alucinação negativa, em virtude de uma angústia excessiva que paralisa a capacidade de pensar e fazer associações, funcionando como uma defesa contra o sentimento de terror.

É a capacidade de representação que propicia a transformação das imagens em palavras dentro do nível da realidade, o que pode ocorrer no processo analítico por meio da introjeção das interpretações.

O analista deve criar espaço para que o paciente possa, por meio da interpretação do momento traumático, ver-se com seus próprios olhos, subjetivar-se, por meio da relação transferencial, em que suas necessidades e anseios infantis possam ser reconhecidos e legitimados pelo analista (Eiguer, 1991; Feder, 1991; Lamers, 1989).

O *borderline* apresenta uma acentuada vulnerabilidade para perceber insultos e desrespeitos, devido ao predomínio do ódio em seu mundo mental, que aparece na relação transferencial/contratransferencial de forma objetiva e subjetiva, dificultando o trabalho analítico e podendo levar ao *acting out* contratransferencial (Fasolo & Ponza, 1989; Gabbard, 1991; Marziali & Munroe-Blum, 1987; Sherby, 1989; Slochower, 1991; Stein, 1990; Vas, 1990). Cooper (1993) ressalta a conjunção raiva/conflitos edípicos/masoquismo com mobilização de defesas paranoides.

O sentimento de abandono mobilizado na relação transferencial pode desencadear episódios de disforia que podem culminar em automutilações ou tentativas de suicídio, segundo Leibenluft, Gardner e Cowdry (1987).

Apesar de todas as dificuldades apontadas também existem momentos cruciais da análise em que os aspectos pré-genitais são condensados na relação transferencial com os momentos genitalizados edípicos, possibilitando a emergência da posição depressiva, a aproximação do analista e a possibilidade de elaboração de lutos, refletindo assim múltiplos níveis de desenvolvimento (Haag, 1989; Kavaler-Adler, 1993).

Arkowitz (1991), Feinsilver (1990), Gruen e Blatt (1990), Silvestrini e Faccin (1988) e Thomas (1988) abordam questões relativas à representação do *self* e do objeto, que se expressam e se modificam na relação transferencial, que tendem a ser rápidas, dramáticas e instáveis.

Quando o objeto autístico irrompe no processo analítico, a relação transferencial e contratransferencial modifica-se, forçando, por vezes, o analista a fazer uso de estratégias inusuais que podem comprometer o *setting* (Gomberoff, Noemi, & Pualuan-de-Gomberoff, 1989).

As questões relativas aos ataques ao enquadramento, à importância de manutenção deste enquanto fator estruturante do ego, bem como ao lugar do analista, à função da interpretação e do tratamento, são amplamente discutidos por Adler (1993), Dorfman-Lerner et al. (1992), Giovacchini (1993), Kernberg (1984), Schimmel (1990), Schkolnik e Svarcas (1991), Sutton (1991) e Tisseron (1989).

As ameaças e o risco suicida do paciente *borderline* também podem acarretar sérias mudanças terapêuticas, levando a limitações modificadas do *setting*, de acordo com a acuidade preditiva do analista, que deve ficar alerta para a necessidade de uma hospitalização, podendo também implicar problemas éticos e legais (Fine & Sansone, 1990; Gotze, Eckert, & Mohr, 1993; Stone, 1993). Para Kernberg (1993), o grande impasse do tratamento é transformar o comportamento destrutivo em uma específica constelação transferencial, possibilitando o estabelecimento da aliança terapêutica, mesmo considerando-se a dissociação primitiva. Esse processo deve ser garantido pela firmeza do contrato terapêutico.

Devido às características próprias do quadro *borderline*, algumas adaptações técnicas fazem-se necessárias para se lidar com os impasses ocorridos na situação analítica (Adler, 1990, 1993; Arlow, 1993; Rosenfeld, 1978, 1988; Tuttman, 1990; Vinoly-Beceiro, 1990; Westen, 1991).

Revere (1989) salienta que, por vezes, o analista precisa assumir funções maternais em conjunção com as técnicas costumeiras.

Meissner (1993) ressalta a importância de se analisar as vicissitudes da aliança terapêutica, da transferência e da contratransferência com o objetivo de orientar e direcionar o trabalho terapêutico com pacientes *borderline*, que constantemente é um processo desafiador e frustrante, exigindo flexibilidade e firmeza.

Um outro componente muito presente na situação analítica com pacientes *borderline* e narcisistas é a inveja, que dificulta o acesso e o aproveitamento das interpretações, visto que aceitar qualquer tipo de ajuda significa quebrar a própria onipotência. Esse processo denomina-se reação terapêutica negativa, a qual se expressa por uma acentuada resistência destrutiva.

Lopes-Corvo (1993) enfatiza a importância da compreensão e interpretação do mecanismo de "autoinveja", que se expressa em situações em que a massiva e intrusiva identificação projetiva é usada para estabelecer uma perversa colusão com o analista.

Richards (1993) alerta para a necessidade de se diferenciar a reação terapêutica negativa de uma fraca reação a interpretação, o que pode ajudar o analista a compreender a parte psicótica da personalidade do paciente, caso possa conter em sua própria mente suas partes psicóticas e as do paciente.

Kernberg (1991, 1992) apresenta três tipos de manifestações transferenciais negativas que podem ocorrer separadas ou simultaneamente: — transferência psicopática, que se manifesta quando o paciente usa de deliberada mentira ou omissão de material importante em face do analista; — transferência paranoide, com base na identificação projetiva e nos objetos internalizados primitivos e persecutórios que pode evoluir para transferência psicopática; — transferência depressiva, que revela a habilidade do paciente para reconhecer o até agora não reconhecível, os aspectos inaceitáveis de seu *self*. Quando as transferências psicopáticas são sistematicamente interpretadas, tendem a ceder seu predomínio às transferências paranoides, que após serem trabalhadas cedem o predomínio à transferência depressiva, assinalando uma transformação estrutural da organização *borderline* em organização neurótica.

Para Steiner (1989), as formações delirantes resultam da falha de o analista interpretar uma ansiedade particularmente preocupante.

Os aspectos ligados à relação transferencial-contratransferencial são cruciais para se trabalhar a inveja, a resistência e a dor psíquica.

Um dos problemas do difícil manejo na análise desses pacientes é a intensa agressão que se expressa na relação transferencial, sendo necessário que o analista apreenda essa agressão de forma não retaliatória para que o paciente possa experienciar que, mesmo com toda sua agressão, há um espaço para seu tratamento e para a sobrevivência do analista. Isso requer que o analista seja capaz de examinar e tolerar os difíceis sentimentos contratransferenciais que se instalam na relação, provocando reações afetivas fortes e disruptivas sem sentir sua própria identidade ameaçada (Caretti, 1989; Pereg, 1989; Slochower, 1991, 1992).

Essas reações podem induzir o analista a quebrar o *setting* em razão de identificações projetivas, ameaçando sua identidade e sua capacidade de conter e pensar (Bion, 1959; Edwards, 1993; Fonagy, 1991; Gabbard, 1991; Gomberoff, Noemi & Pualuan-de-Gomberoff, 1989; Higitt & Fonagy, 1992; Hopkins, 1992; Silver, 1993; Slochower, 1991, 1992; Steiner, 1994; Sutton, 1991; Vinoly-Beceiro, 1990; Voizot, 1989, 1991).

Hopkins (1992) salienta que a contenção pode ser seriamente rompida pela violência da projeção da experiência persecutória no analista, que se identificaria não somente com as partes boas e más do paciente, mas com a destrutividade e crueldade do paciente em relação ao seu primeiro objeto. Então o analista poderia sentir-se atraído pelo intenso sentimento de raiva e ódio por meio do real objeto desapontado e do senso de desesperança sobre a tarefa reparadora.

Cornfield e Share (1994) sugerem que os sentimentos contratransferenciais mobilizados, como raiva, desamparo, ansiedade e mau humor, são resultantes da pressão transferencial.

Adler (1993), Cuevas (1991), Dorfman-Lerner et al. (1992) Duparc (1992a, 1992b) enfatizam a necessidade de uma postura mais ativa do analista e a necessidade de trabalhar com sentimentos intensos e caóticos oriundos das fases primitivas do desenvolvimento, considerando a relação transferencial/contratransferencial como a base para a ocorrência de mudanças psíquicas.

Mas ao mesmo tempo que a contratransferência pode ser um obstáculo, também é a possibilidade de acesso e aproximação ao paciente. Desde que o analista possa aceitar seus momentos de não compreensão, sua capacidade empática poderá ser restituída juntamente com a capacidade interpretativa, podendo assim conter e transformar a angústia do paciente tão maciçamente projetada contra ele.

Em uma perspectiva winnicottiana, Adler (1993), Cooper e Adler (1990) e Lamers (1989) ressaltam a função de objeto transicional desempenhada pelo analista.

Levando-se em conta a importância da aliança terapêutica, das manifestações transferenciais e contratransferenciais, abordar-se-á também os fatores preditivos de abandono no tratamento analítico.

Fatores preditivos de abandono do tratamento psicanalítico

Kelly et al. (1992), Smith et al. (1995) e Yeomans et al. (1994) consideram o nível de hostilidade e a impulsividade enquanto traços preditivos de abandono. Smith et al. (1995) também destacam a idade dos pacientes, pois, quanto mais jovens, maior a probabilidade de abandono. Kelly et al. (1992) apontam para a comorbidade desses fatores com o uso de drogas, ressaltando que pacientes com traços histeroides tratados em hospital-dia tendem a abandonar mais rapidamente o tratamento, enquanto a hospitalização total possibilita uma maior permanência. Consideram também que pacientes depressivos apresentam uma maior aderência ao tratamento.

Plakun (1991) ressalta a história de divórcio parental, a longa duração da primeira hospitalização, a presença de desordens de personalidade específicas e de atos autodestrutivos, anteriores à admissão, como preditivos de pobres resultados no tratamento de pacientes *borderline*, enquanto atos autodestrutivos, durante o tratamento, como indicativos de bons resultados.

Plakun (1994) descreve sete princípios para o estabelecimento e a manutenção da aliança terapêutica em uma psicoterapia orientada para o *insight* de pacientes *borderline* autodestrutivos: — inclusão do comportamento autodestrutivo no contrato terapêutico inicial; — metabolismo da contratransferência; — compromisso sobre o afeto; — interpretações não punitivas das agressões do paciente; — assinalamentos das responsabilidades do paciente pela manutenção do tratamento; — investigação do dano percebido pelo terapeuta que pode ter sido precipitado por um comportamento autodestrutivo; — provisão de uma oportunidade de reparação.

Poggi (1992) enfatiza a importância de se trabalhar o impasse transferencial/contratransferencial enquanto medida preventiva para se evitar uma prematura dissolução da psicoterapia. Stiwne (1994) trabalha o vértice permanência ou desistência do paciente *borderline* ao tratamento grupal em razão das intervenções do terapeuta na psicoterapia de grupo.

A forma do estabelecimento do contrato terapêutico encontra-se também relacionada ao nível de aderência ao tratamento. Yeomans et al. (1994) consideram que um adequado contrato de trabalho somado a uma aliança terapêutica positiva e ao nível de severidade da doença possibilitam a permanência no tratamento na modalidade de psicoterapia psicanalítica. Hurt e Clarkin (1990) enfatizam a importância da clareza e explicitação do contrato terapêutico como a primeira tarefa terapêutica.

Gabbard (1994) salienta a importância fundamental de múltiplas negociações e suas características no processo transferencial/contratransferencial desenvolvido no tratamento das desordens de personalidade *borderline*. Considera que a estratégia terapêutica para manejar o caos inclui a clarificação dos papéis, os objetivos da terapia, os objetivos realísticos do *setting*, a minimização da fragmentação do plano terapêutico, os esforços educacionais e a junção entre o idealizado e desvalorizado projetado nos membros da equipe de trabalho.

Para Perry (1989), o esclarecimento, para o paciente, dos problemas identificados no tratamento, a prescrição da duração e a sequência das sessões ajudam a reduzir a potencialidade do processo disruptivo, e as tentativas de estender a duração do tratamento podem ser interpretadas enquanto dificuldades. Uma terapia contínua intermitente parece ser a mais indicada, pois a perspectiva de término definitivo pode levar à frustração, desesperança e não concordância com o tratamento, considerando-se que esses pacientes melhoram com os anos se conduzidos por meio de crises periódicas.

Miller (1990) discorre sobre as vantagens e desvantagens de um contrato de trabalho escrito, visando proteger a integridade do tratamento e criando uma aliança terapêutica capaz de conter o comportamento destrutivo.

Chessick (1993) reforça a importância do estabelecimento de limites flexíveis e razoáveis, considerando enquanto objetivo último da psicoterapia com pacientes *borderline* descobrir e interpretar o momento em que este se encontra preparado para o tratamento psicanalítico.

Desde a década de 1950 cogita-se sobre a possibilidade de modificações da técnica psicanalítica no tratamento de pacientes *borderline*, tendo Eissler sugerido em 1953 o uso de "parâmetros" técnicos.

Dentro dos modelos desenvolvidos, destaca-se o proposto por Otto Kernberg na década de 1970 e desenvolvido até nossos dias. Esse modelo que se deriva da *psicologia do ego* e da *teoria das relações objetais* denomina-se *psicoterapia expressiva* ou *terapia expressiva*, fundamentando modificações técnicas.

A psicoterapia expressiva de Otto Kernberg

Kernberg et al. (1989), em seu livro "*Psychodynamic Psychotherapy of Borderline Patients*", apresentam sob a forma de um manual a operacionalização dessa modalidade terapêutica.

O método baseia-se em um modelo psicodinâmico, objetivando que o paciente possa, ao longo do trabalho psicoterápico: — aumentar a percepção realística de si e dos outros; — reduzir o uso de defesas primitivas que enfraquecem a estrutura do ego; — aumentar a capacidade de controle dos impulsos e de tolerância à ansiedade; — ampliar a capacidade de modulação afetiva; — aumentar a capacidade de sublimar necessidades pulsionais; — desenvolver relações interpessoais estáveis e satisfatórias, experienciando intimidade e amor.

Esses objetivos podem ser alcançados por meio do diagnóstico, clarificação e interpretação dos componentes dissociados que se revelam na transferência, incluindo representações do *self*, do objeto e a disposição afetiva que os vincula.

Possui como regras básicas a interpretação, a análise da transferência e a neutralidade terapêutica, permitindo, mas não estimulando, a regressão. A regra básica da psicanálise é modificada para uma posição face a face, com duas ou três sessões semanais, com instruções para uma comunicação aberta, honesta e contínua do que se passa pela mente do paciente, com ênfase no aqui e agora durante a maior parte do tratamento, que, em geral, dura de cinco a sete anos. Em fases mais avançadas de tratamento utilizam-se interpretações genéticas. *Acting out* severos são controlados pelo *setting* rígido das sessões.

Kernberg (1984) salienta que antes de iniciar a psicoterapia expressiva, o paciente deve passar por um estudo diagnóstico adequado para que se possa estabelecer a natureza do distúrbio e as indicações para o tratamento, citando técnicas de entrevistas estruturadas e semiestruturadas ligadas ao DSM-III.

O próprio Kernberg elaborou uma entrevista estruturada, combinando o exame de estado mental tradicional com uma entrevista psicanalítica centrada na interação paciente-terapeuta e na clarificação, confrontação e interpretação dos conflitos de identidade, mecanismos defensivos e teste de realidade, que o paciente revela nessa interação. Esses aspectos expressam elementos identificáveis de transferência, de forma que ressaltem simultaneamente os sintomas de ancoragem clássicos da psicopatologia descritiva e a estrutura de personalidade subjacente. A entrevista estruturada foi elaborada visando especificamente à elucidação de diagnósticos estruturais, entre eles o de *organização de personalidade borderline*, podendo ser aplicada após a triagem, sem se incompatibilizar com esta.

Sendo assim, a entrevista estrutural centra-se nos sintomas, nos conflitos ou nas dificuldades apresentadas pelo paciente, criando um nível de tensão suficiente para que a organização defensiva e "estrutural" predominante emerja, refletindo-se na interação aqui e agora com o examinador. A organização estrutural desempenha uma função estabilizadora do aparato mental, mediando entre os fatores etiológicos e as manifestações comportamentais diretas da enfermidade.

Alguns aspectos devem ser considerados para a aceitação de um paciente *borderline* em uma psicoterapia intensiva de longa duração, tais como: — indicação de querer mudar, expressando insatisfação com algo em si passível de mudança com essa forma de psicoterapia; — as "metas de vida", como casar e ter filhos, devem ser diferenciadas de "metas terapêuticas", tais como diminuir a impulsividade e a resolução de conflitos interpessoais; — inteligência média e capacidade de aprender pela experiência. Considera enquanto fatores prognósticos: — a qualidade das relações objetais (possibilidade de relações afetivas profundas, embora caóticas); o nível de integração do superego, que deveria demonstrar evidências de capacidade de identificação com valores éticos e capacidade de experimentar culpa.

Alerta ainda que, devido às características que compõem os quadros *borderline*, o contrato terapêutico deve ser firmemente estabelecido, devendo o terapeuta manter uma atitude de alerta, sempre preservando o *setting* por meio de interpretações, *setting* este frequente e intensamente ameaçado pelos inúmeros *acting out* do paciente e às vezes por reações contratransferenciais.

Green (1988) ressalta a complexidade que envolve a compreensão dos quadros *borderline*, pois, a respeito dos casos clínicos, encontram-se na literatura vastas áreas de concordância e de experiências em comum, tais como as envolvendo as dificuldades em se trabalhar a relação terapeuta-paciente.

No caso dos quadros *borderline*, muitas modalidades de tratamento têm sido discutidas e tentadas, e um dos grandes impasses reside na aderência ao tratamento, seja este psicoterápico ou psicanalítico. Internações breves ou longas são indicadas, porém o êxito permanece questionável. Cabe discriminar os objetivos das diversas técnicas e as possibilidades reais de permanência no tratamento, levando-se em conta a realidade social e aquilo que é buscado pelo paciente.

6

Psicoterapia breve — aspectos históricos

O primeiro modelo teórico proposto por Freud, compreendendo o período de 1883 a 1896, possui uma base neurofisiológica, no qual ego é sinônimo de consciência e os fatos reais são considerados como fatores etiológicos dos traumas. As técnicas utilizadas são a hipnose, a sugestão e a pressão como recursos para se adentrar no inconsciente. As queixas apresentadas pelos pacientes são específicas e o objetivo terapêutico é a remissão dos sintomas. Nesse período, os tratamentos descritos (Freud, 1895) são realizados em poucas semanas, como os casos de Emy von N. (15 semanas no decorrer de dois anos), Lucy R. (nove semanas) e Elizabeth von R. (atendida entre o outono de 1892 e o verão de 1893). Cabe notar que o próprio Ferenczi, entre outros analistas da época, completou sua análise com Freud em poucas semanas.

Em 1897, Freud começa a abandonar a teoria da sedução e a elaborar a noção de fantasia enquanto expressão dos instintos, desenvolvendo, enquanto técnica terapêutica, a associação livre, que implica uma postura mais passiva do analista, destacando a importância da elaboração dos conflitos, das defesas e da repressão (Masson, 1986). Em 1905, ao descrever o caso Dora, destaca a importância da transferência, que só mais tarde, em 1912, irá desenvolver. Dora também é analisada em 11 semanas no decorrer de dois anos.

Com o desenvolvimento da teoria metapsicológica, passa a enfatizar a existência do inconsciente e das relações dinâmicas que este estabelece com outras instâncias psíquicas, em movimentos dialéticos e ambivalentes de sentimentos, pensamentos e comportamentos; a importância do processo de recalcamento e repressão, levando à compreensão do mundo psíquico ao nível de relações tópicas, dinâmicas e econômicas; a compreensão do processo transferencial e contratransferencial. O objetivo e o tempo despendidos no processo analítico tornam-se mais amplos, e a contagem de tempo começa a se fazer por meio de anos, questionando-se os critérios de alta e o término do processo.

Freud, em seu artigo "Análise Terminável e Interminável" (1937), sustenta que se a análise se inicia com certos objetivos, deve terminar quando estes tiverem sido alcançados, pois o analisando, no processo analítico, deverá desenvolver recursos internos suficientes para resolver, dentro de seus limites, seus conflitos e adversidades da vida. Para Freud, os tratamentos analíticos eram mais breves que os atuais, e a crescente passividade do analista e o interesse pela reconstrução genética do passado do paciente foram prolongando o tempo de análise.

Cabe notar que em vários momentos, como em 1919, Freud expressa sua preocupação em estender o legado da psicanálise para uma ampla faixa da população, por meio de trabalhos preventivos e mais breves, em que os analistas deveriam adaptar a técnica às condições sociais.

Na década de 1920, Ferenczi opõe-se à postura passiva do analista proposta por Freud, sugerindo o que chamou de técnica ativa, com intervenções na realidade com o fito de abreviar o tempo do tratamento, sendo considerado atualmente como o pai da psicoterapia breve (Balint, 1967).

Autores como Alexander e French, Ferenczi e Otto Rank também desenvolvem essas concepções, preocupando-se com a objetivação e brevidade das psicoterapias, sem perder de vista o referencial teórico psicanalítico (Yoshida, 1990).

Segundo Malan (1963), os primeiros analistas parecem ter possuído o segredo da psicoterapia breve e, com a crescente experiência, tê-la perdido.

Em 1941, o Instituto Psicanalítico de Chicago promove um *Simpósio sobre Psicoterapia Breve*, em que o possível consenso entre os trabalhos apresentados se centrava na possibilidade de uma psicoterapia breve derivada da compreensão psicanalítica da personalidade, embora as técnicas empregadas fossem diferentes da associação livre (Small, 1974).

Diversos autores, como Alexander e French (1946), Balint (1967), Davanloo (1977), Malan (1963), Mann (1973) e Sifneos (1972), possuidores de uma sólida formação psicanalítica, propõem modificações psicoterapêuticas com base em suas experiências institucionais, sem deixar de considerar as técnicas usuais da psicoterapia psicanalítica envolvendo a reconstrução genética, a análise das defesas, as interpretações transferenciais, as interpretações dos sonhos e das fantasias, buscando interpretar o triângulo do conflito. Começam a trabalhar em uma posição face a face, com uma postura mais ativa e com objetivos definidos a serem alcançados em algumas sessões.

Em 1946, Alexander e French, após muitos anos de trabalhos e observações clínicas no Instituto Psicanalítico de Chicago, verificam a possibilidade de se aplicar os princípios psicanalíticos em abordagens terapêuticas mais flexíveis e breves, de acordo com a natureza do problema, preservando a eficácia do tratamento. Questionam também a relação direta estabelecida por muitos analistas entre tempo de análise e eficácia terapêutica, alertando para o objetivo pelo qual o indivíduo busca o tratamento, que nem sempre é o desejo de um aprofundado autoconhecimento. Propõem a *terapia psicanalítica*, com delimitação do foco, tempo indefinido, com destaque para *o princípio da flexibilidade*, objetivando a readaptação emocional, por meio de uma *experiência emocional corretiva*, que ocorre na relação terapêutica, possibilitando uma nova *gestalt*, levando a *insights* cognitivos e emocionais.

Com a II Guerra Mundial, as necessidades em relação à saúde mental tornam-se mais prementes, acentuando o interesse por tratamentos psicológicos breves, emergenciais, que atendam às contingências da realidade, o que impulsiona o desenvolvimento dessa modalidade de atendimento.

A partir dos anos 1950, os objetivos e as estratégias técnicas em psicoterapia breve tornam-se cada vez mais definidos. Destacam-se os trabalhos desenvolvidos por Balint e Malan, iniciados na Clínica Tavistock, objetivando conferir um *status* científico a essa modalidade de tratamento. Balint propõe o nome de *psicoterapia focal*, que consiste em uma atitude ativa, porém neutra do terapeuta (atenção, interpretação e negligência seletivas), e uma manutenção do foco de trabalho sobre os elementos da hipótese psicodinâmica de base, que pressupõe a identificação do conflito primário que esteja sendo reeditado na atualidade, propiciando o *insight* parcial do conflito primário relativo ao foco, por meio de interpretações transferenciais (Yoshida, 1990).

Na década de 1960, Sifneos (1972), nos Estados Unidos, propõe a *psicoterapia breve provocadora de ansiedade*, indicada para lidar com os sintomas neuróticos, tendo como primeiro plano a problemática edipiana, não fixando a data de término da psicoterapia, em que o terapeuta assume uma atitude pedagógica por meio de interpretação e confrontação, visando às neoaprendizagens na resolução dos problemas.

Ainda na década de 1960, Davanloo (1977) descreve sua técnica como *psicoterapia dinâmica breve*, incluindo pacientes com focos edípicos, múltiplos focos e focos ausentes, sem data fixa para o término. Seu trabalho aproxima-se muito do de Sifneos, com uma postura confrontante visando ao *insight* psicodinâmico.

Segundo Lemgruber (1984) encontram-se três momentos marcantes na história da psicoterapia breve: — na década de 1920, a proposição da *técnica ativa* de Ferenczi; — na década de 1940, o conceito de *experiência emocional corretiva* de Alexander e French; — na década de 1950, as pesquisas realizadas por Balint e Malan na Inglaterra e por Sifneos nos Estados Unidos, com extensas influências na América Latina.

Na década de 1970, Mann (1973) apresenta a técnica de *psicoterapia de tempo limitado*, na qual após uma a três sessões diagnósticas, baseadas no uso de associação livre, são fixadas 12 horas de psicoterapia, distribuídas de acordo com a necessidade do paciente. O foco é o tema central definido com o paciente nas sessões de avaliação, sempre centrado no binômio reunião e separação, reeditados no término da psicoterapia.

Fiorini (1978) sistematiza alguns modelos que servem como referência sobre a etiologia e o funcionamento normal e doentio da personalidade. Enquanto modelo etiológico, enfatiza a necessidade da compreensão psicodinâmica dos determinantes atuais da situação de crise ou enfermidade, levando em conta tanto os recursos egoicos do indivíduo quanto suas condições de vida,[1] ampliando a ótica do terapeuta para o que "está fora" do tratamento, sendo esta uma das diferenças entre a psicanálise e a psicoterapia breve. Salienta também a importância da experiência emocional corretiva no processo terapêutico.

Gilliéron (1983) interessa-se por saber o que acontece quando se permanece psicanalista usando-se a técnica estrita da psicanálise em um enquadramento psicoterápico (posição face a face, com fixação da data de término, que varia de 3 a 12 meses). Propõe a psicoterapia breve de inspiração psicanalítica, visando ao *insight* psicodinâmico.

Knobel (1986) diferencia a psicoterapia breve e a psicanálise, a primeira por ser não regressiva, com tempo e objetivos limitados, propiciando *insights* predominantemente cognitivos. Considera que a entrevista inicial visa estabelecer um diagnóstico holístico, psicobiossocial, fenomenológico e metapsicológico, enfatizando durante a psicoterapia breve a importância da atitude empática do terapeuta, que deve usar o princípio da flexibilidade objetivando o *insight* cognitivo.

Simon (1989), adotando uma concepção evolutiva de adaptação, considera a técnica de psicoterapia breve aplicável a programas de prevenção em saúde mental, configurando situações de crise por meio de entrevista preventiva avaliada pela Escala Diagnóstica Adaptativa Operacionalizada (EDAO). O processo ocorre na posição face a face, com delimitação da data de término (1 a 12 sessões) de acordo com o nível de comprometimento dos diversos setores envolvidos na situação-problema, visando ao restabelecimento do nível de adaptação anterior à crise e, se possível, melhor. A atitude do terapeuta deve ser empática e as estratégias adaptadas a cada caso.

---

1 Constelação de vínculos interpessoais que constituem o grupo primário do paciente e também suas condições de habitação, de trabalho, perspectivas de futuro, as tensões do seu grupo social, sua cultura particular, preconceitos, mitos e outras formas de cultura alienada (Fiorini, 1978, p. 23).

Para Simon (1991), o modelo que dá coerência à psicoterapia breve é eminentemente pedagógico, reeducativo, baseando-se em um planejamento e em uma atitude ativa do terapeuta, segundo metas delimitadas, devendo-se sempre levar em conta a diferença qualitativa entre a psicanálise e a psicoterapia breve, por meio dos objetivos propostos.

Finalizando essa retrospectiva suscinta do desenvolvimento da psicoterapia breve a partir da concepção teórica freudiana, cabe destacar que a psicoterapia breve dinâmica busca uma compreensão intrapsíquica do paciente, porém estabelece objetivos específicos e técnicas distintas da psicanálise, visando propiciar uma experiência emocional corretiva, por meio de *insights* cognitivos ou transferenciais, dentro de um processo planejado em geral com tempo predeterminado.

O grupo de psicoterapias psicodinâmicas que se propõem a atingir objetivos terapêuticos específicos, preestabelecidos, em um dado espaço de tempo, partindo da suposição de que a focalização sobre uma dada questão ou conflito pode levar a resultados mais eficazes, também é considerado psicoterapia focal (Yoshida, 1997).

Quando se pensa na indicação de uma psicoterapia focal ou breve, esta pressupõe uma dificuldade, crônica ou passageira, que o indivíduo, com seus recursos egoicos habituais, não está conseguindo superar. A psicoterapia breve seria indicada nesses momentos de crise, mesmo considerando-se os transtornos mentais crônicos.

7

Situações de crise

Como já foi mencionado, desde seu início a psicoterapia breve associa-se a situações emergenciais ou de crise, como na I e II Grandes Guerras.

O conceito de crise encontra-se intimamente relacionado ao de saúde mental, visto o indivíduo estar inserido em um meio sociopolítico-econômico-cultural, atuando dentro de certos esquemas e padrões sociais que devem possuir uma coerência com suas crenças e valores, para que este possa estabelecer um nível razoável de adaptação e a possibilidade de encontrar soluções viáveis para seus problemas e conflitos. Qualquer alteração no meio ambiente ou em seu psiquismo traz a necessidade de modificações e flexibilidade para se manter a adaptação.

No momento da crise ocorre um enfraquecimento temporário da estrutura básica do ego, em que as antigas soluções não mais satisfazem, requerendo a mobilização de outros mecanismos e recursos egoicos, com o objetivo de buscar respostas novas e adaptativas. Nesse sentido, as crises constituem pontos decisivos no crescimento emocional, determinando em parte o estado de saúde ou enfermidade, podendo possibilitar movimentos de reestruturação, modificação e reintegração ou de desorganização da personalidade.

Caplan (1966, p. 63) define crise como *um período temporário de desorganização do funcionamento de um sistema aberto, precipitado por circunstâncias que transitoriamente ultrapassam as capacidades do sistema para adaptar-se interna e externamente.*

As mudanças a que o indivíduo está exposto abrangem tanto as "crises de desenvolvimento" (que se relacionam às etapas evolutivas do desenvolvimento com suas perdas e aquisições) quanto as "crises acidentais" (intimamente relacionadas com o meio ambiente). Essas mudanças implicam uma ruptura do anteriormente estabelecido, na necessidade de novas alternativas e soluções, gerando ansiedade e mobilizando defesas mais ou menos adaptativas, em uma estrutura de personalidade já estabelecida.

É interessante lembrar que todo ganho traz uma perda e vice-versa, pois mobiliza uma nova possibilidade diante da qual, por vezes, o indivíduo se sente inseguro e com urgência de novas respostas, enquanto um movimento pulsante de vida. Pode-se passar por esses períodos de formas diferentes ao longo da vida, sempre se levando em conta os estressores psicossociais e a estrutura de personalidade prévia; um mesmo evento pode mobilizar respostas diversas dependendo do momento que ocorre, possibilitando níveis diferentes de adequação.

Simon (1989) propõe a classificação da etiologia das crises como *por perdas* envolvendo expectativas que acarretam culpa, depressão, e *por aquisição* envolvendo expectativas que acarretam sentimentos de insegurança, inferioridade, inadequação, independentemente de a crise ser de natureza desenvolvimental ou acidental.

Uma das reações à perda é a dissociação, como no caso de Ana, que não conseguia associar a perda do noivo em um acidente com sua primeira crise dissociativa e tentativa de suicídio. Após esse momento crítico, no qual o luto não pôde ser elaborado, outras tentativas inadequadas de resolução sucederam-se, tais como ter um filho sozinha, negar a morte deste aos três meses, colocando em seu lugar um marido-filho morto, outras tentativas de suicídio...

Marta dissocia ao engravidar, ao terminar o curso universitário (crises por aquisição). Toda vez que se apaixona tende a perder o contato com o real, entrando em crise com características maníacas.

As crises por aquisição também podem ser ilustradas por casos de pessoas que, após alcançarem um objetivo importante na vida, como o término de um curso, a construção de uma casa, um cargo, adoecem.

Fatores[2] internos ou externos, positivos ou negativos, para os quais o indivíduo não possui um repertório adequado que possibilite soluções satisfatórias, desencadeiam as crises. A esses períodos críticos intercalam-se períodos em que o nível de adaptação parece mais estável, caracterizados por circunstâncias que provocam mudanças lentas e gradativas, chamadas *microfatores*, que tanto podem ser externos quanto internos, positivos como negativos (Simon, 1989).

Esses momentos críticos trazem implícitos o perigo e a oportunidade, tornando o indivíduo mais permeável à ajuda, visto que em momentos de equilíbrio estável os mecanismos defensivos e adaptativos se encontram mais rigidamente estruturados, com maior resistência para enfrentar mudanças.

As crises resultam, segundo Fiorini (1978, pp. 24-25), *do choque do indivíduo com fatores ambientais capazes, por suas condições objetivas de desarticular os mecanismos homeostáticos frágeis de uma personalidade predisposta.*

A intervenção em crise objetiva restaurar o equilíbrio adaptativo anterior a esta, e, quando possível, melhorá-lo. Deve-se ressaltar o aspecto afetivo envolvido na situação crítica e a necessidade do ato criativo para superá-la (Simon, 1989).

Em termos gerais, a ajuda eficiente em um período de crise implica encorajar a livre expressão dos sentimentos de tristeza, ansiedade e raiva, entre outros, a fim de que possam ser elaborados.

Cabe diferenciar intervenção em crise de atendimento de emergência, visto que nesse último, em decorrência de um sério desequilíbrio, o paciente ou as pessoas de seu meio correm algum tipo de risco, objetivando o atendimento, a proteção e a recuperação do contato com a realidade (Bellak & Small, 1980).

Em suma, a indicação da psicoterapia breve encontra-se estreitamente relacionada às situações de crise, nas quais o indivíduo se apresenta mais vulnerável às intervenções, mais motivado a realizar mudanças.

2 Fatores — circunstâncias internas ou externas que sacodem drasticamente a estabilidade adaptativa, levando a mudanças bruscas e permanentes nos padrões de adaptação do sujeito (Simon, 1989, p. 69).

8

Características da psicoterapia breve dinâmica

As modificações técnicas que caracterizam a psicoterapia breve dinâmica, aceitas pela maioria dos autores, podem ser assim esquematizadas:

1. Período de avaliação — seja por meio de entrevistas, escalas, testes psicológicos, visando à compreensão da dinâmica da personalidade, ao estabelecimento de um foco ou situação-problema (Simon, 1996), às estratégias de intervenção e ao planejamento terapêutico.[3]

Para Fiorini (1978), uma psicoterapia breve organiza-se segundo o *princípio de flexibilidade*, levando em conta a avaliação das funções egoicas do paciente, seu grau de enfermidade e a capacidade adaptativa, a partir do qual planeja suas estratégias.

2. Foco, conflito focal ou situação-problema — refere-se ao conflito da situação atual do paciente, expresso por meio do motivo da consulta, que se liga intimamente ao conflito central exacerbado, considerando-se suas "condições de vida". As dificuldades inerentes da situação atual parece chocar-se com o conflito infantil não resolvido, daí a importância de se saber a história do indivíduo, sua estrutura psicodinâmica, suas condições socioambientais, para se avaliar seu potencial adaptativo. O foco deve ser definido desde o início, por meio do motivo da consulta e da compreensão psicodinâmica do terapeuta. Fiorini (1978) compreende o foco como uma

---

3 Planejamento terapêutico — entende-se por planejamento a definição dos objetivos a serem perseguidos e a escolha da estratégia psicoterapêutica para alcançá-los (Budman, 1986, citado por Yoshida, 1997, p. 17).

delimitação de uma totalidade concreta sintética, na qual o problema é a resultante do diálogo do indivíduo com sua realidade atual.

Segundo Fiorini (1978), o conceito de foco, proposto por Balint (1967) e Malan (1963), tornou-se impreciso, coexistindo formulações que enfatizam:

a. aspectos sintomáticos que motivam a busca do tratamento ou os "pontos de urgência";
b. aspectos interacionais, referindo-se aos conflitos interpessoais que podem desencadear a crise;
c. aspectos caracteriológicos, referindo-se a uma zona da problemática do paciente que admita sua delimitação em relação a outras zonas da personalidade;
d. aspectos próprios da díade paciente-terapeuta;
e. aspectos técnicos envolvendo a interpretação central que assente todo o tratamento.

Simon (1996, p. 407) prefere o termo situação-problema que define como o conjunto de fatores ambientais, existentes no presente, interagindo com fatores intrapsíquicos, provocando desequilíbrio da adequação, podendo causar crise adaptativa ou deterioração gradual da adaptação existente. Considera que "foco" remete ao sentido de complexo inconsciente difícil de ser tratado em uma psicoterapia breve.

3. Tempo e objetivo limitados — em virtude do estabelecimento do aspecto a ser trabalhado, traçam-se o(s) objetivo(s) do tratamento e o tempo requerido para tal, que pode variar de algumas sessões a vários meses. Tempo limitado não significa necessariamente tempo prefixado, apesar de alguns autores trabalharem com tempo prefixado.

A essa característica associa-se a modalidade de atendimento intermitente, sendo o paciente estimulado a procurar ajuda sempre que se deparar com novos momentos críticos ou identificar/perceber sinais de que está perdendo o controle da situação.

4. Enquadramento — frequência das sessões (em geral uma vez por semana, às vezes duas, com duração de 50 minutos), posição terapeuta-paciente face a face, postura ativa do terapeuta, com atitude consciente e planejada, podendo fazer uso de uma vasta gama de intervenções, utilizando-se de uma atenção e escuta seletivas em razão de um foco estabelecido. Esses aspectos colocam o paciente em situação de realidade, ajudando-o a discriminar o terapeuta como pessoa e seus papéis objetivos (Azevedo, 1983).

Yoshida (1997, p. 18) classifica as intervenções do terapeuta como mais suportivas ou mais expressivas, em razão do tipo de patologia apresentada pelo paciente. As intervenções suportivas *realçam as experiências positivas do paciente em relação a si mesmo, aos outros e à terapia; as expressivas visam promover a compreensão do paciente e de seus sintomas, ansiedades e conflitos internos, por meio de sua elaboração no curso do tratamento.*

Esses parâmetros ajudam a evitar o processo regressivo, mantendo o indivíduo mais circunscrito ao "conflito atual", privilegiando-se o momento presente, na tentativa de compreender como o paciente mantém-se na situação atual, buscando descobrir o padrão recorrente de conduta que o impede de responder de forma mais adaptada. Esse padrão recorrente refere-se ao conflito subjacente que se atualiza na relação transferencial.

A psicoterapia breve é considerada como "não regressiva", pois, evitando-se a regressão, evita-se a neurose de transferência, a qual é desestimulada pela posição face a face.

A transferência, embora não seja o eixo da terapia, deve ser interpretada tanto em seus aspectos positivos quanto negativos, com o intuito de se compreender o paciente e não para estimular a regressão. Deve-se também atentar para os aspectos contratransferenciais mobilizados, que podem propiciar uma melhor compreensão do vínculo estabelecido.

A elaboração ocorre por meio da compreensão do conflito e suas causas, com maior participação cognitiva que afetiva, apesar de se considerar que a elaboração só ocorra por meio de uma experiência emocional corretiva. Há uma correção de informações falsas, deformadas, irreais, por informações verdadeiras e reais.

Em suma, o que caracteriza a psicoterapia breve é o limite de tempo estabelecido em razão do motivo do atendimento, que seria o foco, ou, segundo Simon (1996), situação-problema, levando ao planejamento das estratégias de trabalho. A situação-problema relaciona-se intimamente a uma situação crítica que esteja abalando ou rompendo o equilíbrio psíquico, e o foco estabelecido deveria abordar o assunto emergente e desencadeador da crise. É o estabelecimento de uma situação-problema que permite abreviar o tratamento, em virtude da própria urgência da situação e do papel ativo do terapeuta.

Fiorini (1978, p. 86), ao considerar os eixos da psicoterapia breve, descreve assim sua importância: *produzir no paciente uma ativação de suas funções egoicas, por meio das quais se torne possível elaborar de modo focalizado a problemática inserida em uma situação vital específica, com base na orientação, no estímulo e nas realizações simbólicas do vínculo vivido na relação de trabalho personificada com o terapeuta, que inclui a correlata ativação das funções egoicas deste último*, ressaltando os aspectos transferenciais e contratransferenciais.

A instrumentalização da psicoterapia breve requer do terapeuta experiência clínica, profundos conhecimentos psicodinâmicos e psicopatológicos e flexibilidade no uso da técnica de acordo com cada caso.

Os fatores facilitadores do processo terapêutico nas psicoterapias breves são elucidados por Budman, Friedman e Fanger (1992), citados por Yoshida (1997, p. 19):

1. *aliança terapêutica positiva e rápida entre o paciente e o terapeuta*
2. *focalidade e clara especificação dos resultados e objetivos a serem alcançados*
3. *definição clara das responsabilidades do terapeuta e do paciente, com um nível relativamente alto de atividade de participação dos envolvidos*
4. *ênfase na força egóica do paciente, traduzida nas suas competências e capacidade de adaptação*
5. *expectativa de mudança por parte do paciente*
6. *orientação para o aqui e agora, sendo que o foco primário volta-se para o padrão de pensar, sentir e se comportar do paciente*

Fiorini (1978), ao discorrer sobre a eficácia da psicoterapia breve, lista as seguintes modificações que podem ser produzidas pelo processo:

1. Alívio ou desaparecimento dos sintomas.

2. Substituição de técnicas defensivas mais regressivas por técnicas mais adaptativas.
3. Maior ajustamento nas relações com o meio.
4. Incremento da autoestima e da sensação de bem-estar pessoal.
5. Maior compreensão de suas próprias dificuldades e do significado destas.
6. Ampliação de perspectivas pessoais, com esboço de um projeto de vida.

Kahtuni (1996) sintetiza enquanto principais características da psicoterapia breve psicanalítica um trabalho focal, relacionado ao tema emergencial (que não precisa ser necessariamente a queixa), visando a um entendimento psicodinâmico da situação atual que poderá ou não ter sua raiz ligada a um conflito primário, tendo por base a delimitação de uma área conflitiva, com estabelecimento de objetivos terapêuticos e planejamento de trabalho, possibilitando intervenções psicoterápicas rápidas.

As modificações obtidas não se detêm com o término do tratamento, visto que a eficácia dessa modalidade terapêutica implica um neoaprendizado que visa a uma modificação de atitude perante determinadas situações de vida.

Os limites da psicoterapia breve dizem respeito tanto ao nível de estruturação da personalidade do paciente quanto a suas condições ambientais, não objetivando uma reconstrução da personalidade, mas sim uma melhora do padrão adaptativo em um momento de crise, sendo um fator primordial a motivação do paciente para empreender o processo.

Indicações e contraindicações

Pontos em comum sobre a eficácia da indicação de psicoterapia breve são: — a motivação do paciente; — a detecção de dificuldades específicas; — estar passando por um momento de crise ou descompensação.

A motivação segundo Malan (1976) é resultante do desejo de o indivíduo enfrentar suas dificuldades e da possibilidade de uma aliança terapêutica bem-sucedida, o que facilita o estabelecimento e a manutenção do foco, propiciando bons resultados.

As indicações referem-se a quadros agudos, a momentos de crise, a distúrbios reativos, a distúrbios de intensidade leve ou moderada.

Yoshida (1991), ao comentar as novas alternativas de aplicação da psicoterapia breve, destaca sua aplicabilidade para conflitos conjugais, certos distúrbios sociais, tomadas de decisões (por exemplo, adoção, viagens, casamento, gravidez), mudanças de emprego, orientação profissional e outras crises provocadas por perdas e danos. Poderíamos mencionar também seu emprego na Psicologia do Esporte e na Psicologia Ambiental.

Simon (1991) discute sobre a indicação de psicoterapia breve no momento de crise visto o interesse total de o ego ser inundado pelos fatos dolorosos da realidade, ocorrendo uma motivação para sanar ou discutir problemas específicos, e não para se iniciar um processo psicanalítico.

Bellak e Small (1980), Knobel (1986) e Simon (1989) não especificam contraindicações para a psicoterapia breve, a não ser o paciente reunir condições egoicas mínimas que permitam o estabelecimento de uma relação interpessoal centrada em uma tarefa, independentemente da categoria nosológica.

Nas décadas de 1970 e 1980 encontravam-se restrições mais marcadas quanto à aplicação da psicoterapia breve com pacientes que apresentam uma estrutura egoica mais frágil, principalmente as personalidades *borderline*, aspecto este revisto na década de 1990.

Mann (1973) não recomenda a psicoterapia breve para transtorno de personalidade *borderline*, depressões severas e psicoses agudas, considerando úteis os critérios propostos para Sifneos (1972): — queixa principal circunscrita e capacidade de escolher uma área de dificuldade para se concentrar; — ter tido pelo menos uma relação interpessoal significativa durante a primeira infância; — bom relacionamento com o avaliador, sofisticação psicológica e inteligência acima da média, abordando assim apenas os quadros neuróticos que possuam um foco edípico.

Os pacientes que procuram os serviços de saúde no Brasil raramente conseguem preencher tais critérios e talvez nem os terapeutas, que deveriam no mínimo ter um nível intelectual acima da média.

Malan (1976) considera a psicoterapia breve contraindicada para quadros de: — homossexualidade convicta; — hospitalizações prolongadas; — mais de uma série de tratamentos por eletrochoque (que incapacitam para iniciar um trabalho terapêutico efetivo a curto prazo); — sintomas obsessivos ou fóbicos crônicos incapacitantes; — tentativas sérias de suicídio; — dependência de drogas; — alcoolismo crônico; — atuações gravemente hetero ou autodestrutivas; — surto depressivo ou psicótico (características encontradas também nos distúrbios de personalidade *borderline*).

Davanloo (1977) não indica essa modalidade de tratamento para pacientes com estrutura egoica muito fragilizada, para desordens de personalidade *borderline*, casos de sociopatia, adição a drogas, alcoolismo, transtorno bipolar e psicose, devido à dificuldade de introspecção e *insight* desses pacientes.

Fiorini (1978) não acredita na eficácia da psicoterapia breve para pacientes com transtorno psiquiátricos crônicos fora de fases agudas.

Gilliéron (1983) desaconselha a psicoterapia breve para quadros psicóticos ou pré-psicóticos com marcadas características autísticas, as quais dificultam a abordagem terapêutica, e para pacientes que utilizam certas características do enquadramento enquanto defesa, como nas neuroses obsessivas e nas neuroses narcísicas.

Na década de 1990, Luborsky e Mark (1991) ainda restringem a indicação de psicoterapia breve para pacientes *borderline*; Rabinowitz e Lukoff (1995) analisam a decisão de se planejar uma psicoterapia breve ou longa com base nas respostas a um questionário de 200 terapeutas, sendo que apenas 9% indicam a psicoterapia breve para pacientes *borderline*.

9

Psicoterapia breve dinâmica com pacientes *borderline*

A psicoterapia breve é indicada para os pacientes *borderline*, desde que estes se encontrem em uma situação de crise, e possuam o desejo de "salvar" ou modificar algo, uma esperança de achar uma saída.

No final da década de 1980 e no decorrer da década de 1990, são desenvolvidos estudos que ressaltam a eficácia da psicoterapia breve com pacientes *borderline*, desde que os objetivos sejam bem delimitados.

Tais estudos são apresentados a seguir:

Waldinger (1987) descreve oito princípios técnicos na abordagem terapêutica com pacientes *borderline*:

1. Estabelecimento de um *setting* estável, com o intuito de oferecer um referencial organizado contrapondo-se ao caos que se instaura na vida do paciente *borderline*.
2. Atitude ativa do terapeuta.
3. Possibilidade de conter a raiva do paciente, funcionando mais como continente do que como intérprete.
4. Confrontação dos comportamentos autodestrutivos, por meio do princípio de realidade.
5. Estabelecimento de uma conexão entre sentimentos e ações.
6. Colocação de limites, por meio da estabilidade do *setting*.
7. Manutenção do foco com intervenções no aqui e agora.
8. Monitoramento dos sentimentos contratransferenciais, usando-os para compreensão e assinalamento da destrutividade do paciente.

Perry (1989) sugere uma psicoterapia de tempo limitado, com objetivos específicos, que funcione de forma intermitente, nos momentos de crise, reduzindo a inerente frustração experienciada por ambos: terapeuta e paciente.

Yoshida (1990) salienta que os objetivos a serem atingidos em casos graves de dificuldades de adaptação devem ser claros e realisticamente dimensionados às possibilidades adaptativas do paciente, tornando-se importante a experiência do terapeuta.

Munroe-Blum e Marziali (1988) e Sansone, Fine e Dennis (1991) apontam para a efetividade da psicoterapia individual com pacientes *borderline* destacando a maleabilidade para modificações do nível adaptativo, enquanto doses intermitentes por meio de módulos de intervenção, não para uma genuína reconstituição da personalidade. Stevenson e Meares (1992) avaliaram a efetividade da psicoterapia ambulatorial com duração de um ano, sendo que, após esse período, 30% dos pacientes não preenchiam mais os critérios propostos pelo DSM-III para distúrbio de personalidade *borderline*. No geral, observaram uma diminuição da impulsividade, da instabilidade afetiva, da raiva e dos comportamentos suicidas.

Mangini e Pavan (1992) descrevem uma psicoterapia de tempo limitado baseada no método de expressão e análise das emoções associado com eventos de separação, visto os pacientes narcisistas e *borderline* serem mais vulneráveis à perda.

Romaro (1993), estudando evolutivamente cinco pacientes diagnosticados como *borderline*, refere que o tratamento sistemático por meio de psicoterapia breve de apoio possibilita uma melhor capacidade adaptativa nas situações de vida diária, mesmo após alguns anos do término desta.

Silk et al. (1994) propõem um modelo de psicoterapia breve com pacientes *borderline* com internações breves (de 7 a 14 dias), em uma unidade psiquiátrica geral, ressaltando a importância do estabelecimento de um contrato na pré-admissão, de um objetivo orientado para o tratamento do comportamento contratuado e a manutenção do *setting*, por meio de uma abordagem cognitivo-comportamental, visando ajudar o paciente a assumir responsabilidades progressivas durante a internação.

Marziali e Munroe-Blum (1995) e Munroe-Blum e Marziali (1995) discorrem sobre a eficácia da psicoterapia breve de grupo com pacientes *borderline*, devido à possibilidade de se refletir os problemas ocorridos nas relações interpessoais e modificá-los no contexto grupal.

Coelho Filho (1995, pp. 26-27) reflete que nas duas últimas décadas autores como Davanloo (1977), Fiorini (1978), Mann (1973) e Malan (1976) *apresentam um critério rígido na seleção de paciente, excluindo os casos de maior comprometimento (na prática mais recente vemos maior flexibilização de critérios...). O que não foi flexibilizado... é a necessidade de forte aliança terapêutica na condução de tratamentos de curta duração.*

Cabe notar que, de uma forma geral, a psicoterapia breve com pacientes *borderline* se caracteriza como uma modalidade de tratamento de alcance limitado, que pode ser ministrada de forma intermitente, objetivando ajudá-los a lidar melhor com a crise e situações-problema, buscando melhorar o nível de eficácia adaptativa e não pretendendo uma modificação da estrutura da personalidade.

Considerando-se que o transtorno de personalidade é egossintônico e que somente uma séria desestabilização nos padrões patológicos possibilitam um espaço para a percepção da dificuldade ou sintoma, essa abertura deve ser aproveitada para se mobilizar os recursos egoicos do paciente e colocá-lo em tratamento nesse momento específico, a fim de que possa encontrar uma solução mais adaptativa para suas dificuldades e desenvolver a possibilidade de uma psicoterapia intermitente a qual possa retomar quando necessário.

Isso de forma alguma implica o abandono de uma compreensão psicodinâmica ou das inestimáveis contribuições oriundas da psicanálise, mas sim a utilização desse manancial de modo que atenda uma demanda que não busca um autoconhecimento, mas que tem urgência em resolver problemas emergentes, atuais, circunscritos. Uma demanda que precisa aprender uma resolução mais adequada de aspectos fundamentais e por vezes situacionais para melhorar sua qualidade de vida.

Nos quadros *borderline*, segundo Kernberg (1984), encontra--se uma integração tênue da identidade com uso predominante de defesas primitivas, com base no *splitting*, negação, desvalorização, idealização, identificação projetiva, onipotência e um teste de realidade preservado. Com tal estruturação, tendem a apresentar dificuldades profundas nos relacionamento interpessoais, com marcadas dificuldades no âmbito social e familiar.

O que mobiliza a busca de um atendimento psicológico em geral é a vivência de um momento crítico, em que as defesas habituais não são suficientes para lidar com a angústia, ocasionando uma quebra da homeostase, com a sensação de ter chegado "ao fundo do poço" com a ameaça de perda de pessoas significativas com as quais vivem relações que se deterioram, marcadas por hostilidades, manipulações, dependência e perdas com situações de trabalho. Perante essas situações, comumente reagem de forma agressiva, com chantagens, comportamentos autodestrutivos, tentativas de suicídio, sempre associadas à angústia e à depressão. A sensação de colapso e de desestruturação parece iminente.

O desejo e a necessidade de salvar algo nesse atoleiro em que se encontram os motiva a tentar uma psicoterapia, na esperança de encontrarem uma saída mais adequada.

O desafio terapêutico é mobilizar recursos egoicos suficientes que possibilitem abrir um espaço para o pensamento, transformando as queixas, aparentemente sem associação umas com as outras, em uma questão, em um caminho a ser percorrido, envolvendo-os de forma atuante no desenrolar de suas próprias histórias, como sujeitos e não vítimas.

10

Peculiaridades do processo psicoterápico com pacientes *borderline*

Em geral os pacientes *borderline* utilizam os atendimentos de emergência da psiquiatria e de outras clínicas médicas, em virtude de explosões agressivas, tentativas de suicídio, comportamentos autodestrutivos, queixas somáticas. Por vezes tornam-se casos policiais, com boletins de ocorrência, detenções, em razão de atitudes psico-páticas.

Comumente já passaram por algumas modalidades de atendimento psicoterápico e/ou psiquiátrico, colecionando fracassos, sem conseguir estabelecer uma relação positiva com terapeutas, médicos ou instituições, desistindo diante da primeira contrariedade ou seguindo um pseudotratamento, o qual, em geral, tendem a dirigir e manipular. Quando em seguimento medicamentoso, tendem a usar a medicação a bel-prazer e algumas vezes de forma autodestrutiva.

A psicoterapia breve dinâmica, por ter objetivos específicos, duração previsível, por vezes predeterminada, associada ao papel ativo do terapeuta, parece possibilitar a permanência no tratamento, quando este é oferecido em um momento de crise, ajudando a diminuir a potencialidade do processo disruptivo.

Cabe notar que a psicoterapia breve com pacientes *borderline* se caracteriza como uma modalidade de tratamento de alcance limitado, que pode ser ministrada de forma intermitente, objetivando ajudar a lidar melhor com as crises e situações-problema, buscando melhorar a adequação, e, eventualmente, o nível de eficácia adaptativa, não pretendendo uma modificação da estrutura da personalidade.

O modelo de psicoterapia breve proposto neste trabalho com pacientes *borderline* é individual, de tempo predeterminado

(12 sessões semanais de 50 minutos cada), sendo o foco estabelecido a partir das situações-problema a serem trabalhadas, segundo um planejamento em razão dos prejuízos das áreas adaptativas, detectadas por meio da EDAO,[4] visando levar o paciente a compreender um pouco de sua problemática, ansiedades e conflitos.

A terapia é não regressiva (técnica não estimula a regressão) e o terapeuta realiza intervenções mais ativamente circunscritas e planejadas, auxiliando na discriminação das condições de realidade e das distorções criadas pelo paciente, com flexibilidade para adequar as estratégias terapêuticas de acordo com as necessidades da situação. A análise e interpretação da transferência não constituem o eixo da psicoterapia, embora sejam utilizadas como forma de se compreender o paciente e seu padrão de relações. A problemática é trabalhada em relação a situações de vida atual. Excepcionalmente pode ocorrer o atendimento de algum familiar.

As situações relatadas a seguir fazem parte de um programa de pesquisa, no qual sete pacientes *borderline* foram atendidos em psicoterapia breve dinâmica.

Processo de avaliação — triagem

A primeira parte do processo, que denominamos entrevistas iniciais ou triagem, é fundamental na psicoterapia breve, pois nesse momento procede-se a uma avaliação global da personalidade com o objetivo de delimitar as situações a serem trabalhadas.

---

4 A EDAO — Escala Diagnóstica Adaptativa Operativa —, proposta por Simon (1989), tem-se mostrado um instrumento útil para a avaliação dos níveis de adaptação, pela facilidade de poder ser aplicada sobre os dados da entrevista clínica, não interferindo no processo psicoterápico, possibilitando também a avaliação dos resultados do processo terapêutico, de forma dinâmica e rápida, por meio da aplicação e reaplicação da escala.

Sua utilização no processo de triagem para psicoterapia breve e na avaliação do processo psicoterápico justifica-se por sua facilidade de aplicação e por propiciar uma avaliação dinâmica em função de setores adaptativos, objetivando facilitar e abreviar o trabalho diagnóstico do clínico, visto os quadros nosológicos na maioria dos casos apresentarem-se de forma mista, tornando-se por vezes difícil o diagnóstico diferencial.

Por meio da análise de quatro setores adaptativos (afetivo-relacional, produtividade, sociocultural e orgânico), torna-se mais fácil estabelecer as situações-problema a serem trabalhadas na psicoterapia breve.

A fase de triagem, com a retomada da história de vida e, se necessário, com a aplicação de escalas, pode propiciar o início de um movimento de introspecção, de uma tentativa de juntar as partes, por vezes desconexas da própria história, colocando-as em uma outra perspectiva.

Nas entrevistas iniciais, as informações necessárias para a compreensão da história de vida do paciente são colhidas, avaliando-se os recursos egoicos disponíveis, a motivação para a mudança, a capacidade de *insight*, os níveis de adaptação nos diversos setores de vida passíveis de serem melhorados por meio de uma intervenção breve, sendo a relação entrevistador-entrevistado fundamental para a compreensão das dificuldades apresentadas e do tipo de vínculo estabelecido.

A relação deve ser foco de atenção desde o primeiro momento e, se necessário, apontada e interpretada, principalmente no caso de pacientes *borderline*, como veremos a seguir.

Em seis dos casos, os pacientes referiram não se importar em fazer parte de um projeto de pesquisa, parecendo muito centrados em suas queixas. Apresentavam-se com suas peculiaridades e desconfianças. Ana, por exemplo, parecia atemorizada de precisar falar sobre seus problemas, assustada, sem olhar para a terapeuta. Néa mostrava-se muito ansiosa com marcados bloqueios cognitivos. Marta foi a única paciente que, a princípio, se opôs à situação de pesquisa.

> Desde o momento em que foi chamada na sala de espera **Marta** mostrou-se hostil. Olhou a entrevistadora com descaso e a acompanhou. Ao lhe serem explicados os motivos da consulta e tratar-se de um projeto de pesquisa, respondeu de forma hostil que não gostaria de ser cobaia. Foi-lhe dito que ela não precisaria participar, caso não quisesse. Concordou em participar. Quando lhe foram perguntados dados de sua história de vida, mandou que a entrevistadora lesse seu prontuário. Novamente foi-lhe dito que não era obrigada a participar. Diante de tal colocação, Marta pareceu tranquilizar-se e desculpou-se de sua hostilidade, explicando que estava com raiva por ter visto uma amiga de infância, da qual se distanciou e que agora era psiquiatra. Após a clarificação do ocorrido mostrou-se colaboradora e meiga.

Marta, ao sentir-se compreendida e respeitada pela entrevistadora, que lhe dava uma opção para escolher, clarificando seus sentimentos, pôde pensar e buscar a causa de sua raiva. Ao sentir-se menos perseguida, pôde abrir mão de defesas mais primitivas, como a identificação projetiva, reconhecendo e discriminando a situação e alguns sentimentos, podendo, então, mostrar-se meiga.

A clarificação dos aspectos hostis, desde a entrevista inicial, auxilia o paciente a permanecer no tratamento, à medida que esses aspectos possam ser verbalizados e contidos pela entrevistadora, permitindo a saída da atuação.

> **Carlo**, na primeira entrevista, mostrou-se galanteador, ora contando detalhes de sua intimidade sexual, ora parecendo querer intimidar a entrevistadora relatando suas agressões físicas. A possibilidade de a entrevistadora mostrar-lhe esses aspectos e de não ter demonstrado medo foi considerado por Carlo, no decorrer do processo terapêutico, como decisivo para sua permanência, ajudando-o a entrar em contato com seus sentimentos de forma menos persecutória, por sentir, segundo ele, que havia encontrado alguém que não o temia.

Quando o paciente realiza *acting out* durante a fase de avaliação, como, por exemplo, ligando insistentemente para o terapeuta para alterar o dia da próxima consulta, sem conseguir dar um tempo para que a ligação seja retornada, esse aspecto deve ser clarificado, mas não interpretado, visto ainda não haver sido estabelecido o contrato terapêutico.

O estabelecimento adequado das situações-problema a serem trabalhadas é fundamental para o desenvolvimento do processo psicoterápico breve, devendo ser delineadas em comum acordo com o paciente. Objetiva auxiliar o indivíduo a buscar soluções mais satisfatórias, para si e para o ambiente, melhorando a adequação adaptativa, por meio de um funcionamento mental mais independente, com melhor possibilidade de controle das emoções, devido à ampliação do autoconhecimento.

Contrato

O contrato terapêutico deve ser estabelecido de forma clara e firme, diferenciando os dois momentos do processo: triagem e psicoterapia.

No momento da triagem é proposto um contrato "provisório", com entrevistas iniciais para se avaliar a adequação das modalidades terapêuticas oferecidas e a demanda do paciente.

Nas situações a seguir descritas, explicava-se que o atendimento fazia parte de um programa de pesquisa e lia-se com o paciente o termo de Consentimento Pós-Informação, firmando-se um contrato para a fase de triagem.

A finalização dessa etapa culminava com o estabelecimento, em conjunto, terapeuta e paciente, de situações-problema a serem abordadas, delimitando-se questões e reforçando-se a conscientização do papel do paciente em sua própria vida, nesse momento, estabelecendo-se então o contrato terapêutico, no qual se esclarecia que a duração da terapia seria de 12 sessões, uma vez por semana, finda a qual o processo se encerraria independentemente dos objetivos terem sido alcançados.

A delimitação, o estabelecimento do contrato, a manutenção do *setting* e a postura ativa da terapeuta parecem ajudar a colocar alguma ordem nesse turbilhão de caóticas vivências, possibilitando a permanência no tratamento. Perry (1989) observa que o esclarecimento dos objetivos e a duração do tratamento ajudam a reduzir a potencialidade do processo disruptivo, auxiliando a manter o paciente no tratamento.

Em psicoterapia, o contrato é estabelecido com a parte sadia do ego, no entanto, como aponta Joseph (1975), não se pode esquecer que os pacientes com estrutura de personalidade *borderline*, por meio do mecanismo defensivo de cisão, mantêm à distância da terapia e do terapeuta partes do ego, com suas necessidades e ansiedades, o que dificulta o trabalho de integração do ego.

Ao se reforçar a responsabilidade do paciente, fortalecem-se os aspectos saudáveis do ego, que são os responsáveis pela permanência no tratamento. Ao se clarificar ou se interpretar os aspectos hostis, os *acting out*, lança-se luz sobre os aspectos doentios da personalidade que trabalham para a destruição do tratamento, possibilitando níveis diversos de integração destes.

O terapeuta, procurando manter e preservar o contrato terapêutico, cada vez que este é ameaçado pelo *acting out*, protege a estabilidade do trabalho, possibilitando que as diretrizes básicas sejam traçadas, preservando os objetivos do tratamento e reforçando a responsabilidade do paciente para atingi-los.

O contrato não se encerra em sua formulação, que constitui apenas o ponto de partida. Na verdade, o contrato redefine-se em um processo dinâmico que permeia todas as etapas do processo terapêutico, ajudando a identificar as manifestações transferenciais e contratransferenciais, evidenciando as resistências e os possíveis *acting out* de ambas as partes.

Quando esse contrato é estabelecido de forma clara e firme, porém não estanque, reflete para o paciente que o terapeuta tem condições de suportar seus ataques sádicos, sedutores, pré-edípicos, protegendo e preservando o *setting*, mostrando-se separado, além do controle onipotente e da capacidade destrutiva do paciente, podendo ser considerado uma fonte em potencial de ajuda (Kernberg et al., 1989).

A centralização nas situações-problema e o papel ativo do terapeuta mostram-se eficazes no sentido de dar alguma ordem ao caótico mundo mental do *borderline* e a mantê-lo em psicoterapia. Em certos momentos, o terapeuta precisa utilizar seus recursos internos, sua capacidade de pensar para auxiliar o paciente, funcionando com um ego auxiliar, principalmente em momentos de crise.

Nos casos estudados, em geral em torno da décima sessão, o paciente apresentava uma piora de sua sintomatologia, manifestando sua ansiedade diante da separação com o intuito de evitar a finalização do tratamento, porém, a firmeza da terapeuta ao apontar e interpretar tal dinâmica acabava por fazer com que esta fosse superada.

> **Bia** queixou-se de piora na décima e décima segunda sessões, lamentando-se pelo fim da psicoterapia; no entanto, na última sessão pôde reconhecer os benefícios advindos com o processo psicoterápico.

Em outros casos a reação à separação pode manifestar-se por faltas, ou por uma tentativa de término prematuro do processo, como nos casos de Marta e Carlo.

Marta, ao deparar-se com o término da psicoterapia breve, referiu não ter mais interesse no tratamento, só permanecendo neste por gostar muito da terapeuta e para não prejudicá-la em seu projeto de pesquisa, colocando-se no lugar de quem fazia um favor e não de quem precisava tratar-se.

Carlo dizia sentir-se bem, embora manifestasse indícios de hostilidade em relação à terapeuta, vivenciada como uma mulher que o abandonava. Após esses aspectos terem sido trabalhados, recebeu alta apresentando uma melhor adequação em setores importantes de sua vida, devido a um melhor controle sobre seus impulsos.

Aspectos transferenciais e contratransferenciais

Por ser o transtorno de personalidade egossintônico, estabelecer uma aliança terapêutica torna-se algo particularmente difícil, com alta probabilidade de ocorrência de *acting out*, com manifestações transferenciais e contratransferenciais intensas, rápidas, instáveis, exigindo que o terapeuta seja ativo, flexível e continente, a fim de preservar sua capacidade de pensar e não se perder no turbilhão angustiante e agressivo do paciente *borderline*.

Em psicoterapia breve dinâmica, o terapeuta desempenha um papel ativo, não estimulando a transferência, mas trabalhando com as manifestações transferenciais e contratransferenciais no momento em que ocorrem, inclusive as manifestações transferenciais negativas que devem ser sistematicamente trabalhadas, pois a falta de integração do *self* e das representações dos objetos interfere na capacidade de diferenciar as relações objetais presentes e passadas, alterando, por vezes, a percepção da realidade, de acordo com Kernberg (1984).

O terapeuta funciona como um agente corretivo, propiciando a reaprendizagem de padrões sadios de comportamento, por meio dos recursos internos do paciente, necessários para uma melhor coesão psicológica. Na realidade, sua função seria ajudar o paciente a começar a pensar, contendo dessa forma o *acting out*.

Os aspectos sadios e patológicos também podem expressar-se por meio do padrão de aproximação e fuga, caracterizando as manifestações de resistência.

Quando aspectos centrais da problemática do paciente são mobilizados pelas intervenções do terapeuta, suscitando angústia diante de novas perspectivas de leitura e compreensão da situação, o padrão de aproximação e fuga tende a manifestar-se por meio de faltas, atrasos, bloqueios cognitivos e manifestações somáticas, no entanto, sem levar à interrupção do tratamento.

> **Ana**, quando percebia sua relação patológica com o companheiro, em geral faltava à sessão seguinte, tendo faltado em quatro das doze sessões. Em uma delas o companheiro a havia deixado trancada em casa. Em várias sessões chegou com 25 minutos de atraso. Temia melhorar, o que para ela implicava precisar separar-se, mas, ao mesmo tempo, pedia para continuar o tratamento.
>
> Quando estava na sessão, por meio das intervenções da terapeuta, conseguia produzir *insight* sobre si e suas relações, mas depois parecia invadida pela angústia, sentindo-se abandonada e perseguida pela terapeuta, predominando então as manifestações transferenciais negativas.

> **Néa** expressava esse padrão por constantes bloqueios cognitivos perante conteúdos que mobilizavam os conflitos e as angústias envolvidos na separação dos pais, que acentuavam seus sintomas obsessivos. Nesses momentos, não conseguia estabelecer associações, mostrando um pensamento concreto, dificuldade de compreensão, comportamento regredido e marcadas manifestações transferenciais negativas, por vezes expressas nos atrasos que atribuía aos rituais obsessivos.

Essas vinhetas ilustram como os ataques ao contrato, em verdade, são ataques ao vínculo terapêutico, na tentativa de que o terapeuta, por identificação projetiva, rejeite e abandone o paciente, reforçando um padrão de relação precocemente estabelecido. A possibilidade de o terapeuta não se deixar invadir, mantendo seu próprio espaço mental, no qual possa metabolizar o bombardeio de emoções contraditórias do paciente e transformá-las em clarificações e interpretações, leva o paciente a uma experiência emocional corretiva, auxiliando-o no processo de integração de partes dissociadas do ego.

Mas nem sempre o terapeuta consegue manter íntegro esse espaço mental, como descrito em uma sessão de Bia.

> Em uma sessão de psicoterapia, **Bia**, sentindo-se abandonada em sua dor, não compreendida pela terapeuta, começou a chorar, referindo falta de ar, dores no peito, vontade de se matar. A terapeuta, identificando-se projetivamente com o abandono da paciente, sentia-se abandonada e incomodada, com irresistível vontade de que a sessão terminasse, tornando-se naquele momento incapaz de funcionar com um continente para a angústia, considerando aquela manifestação como um *acting out* da paciente, quando, na verdade, era seu próprio *acting out* exercendo o papel da mãe rejeitadora.

Essa sessão possibilitou a compreensão de como Bia sentia-se, podendo ser retomada posteriormente, com clarificação das representações do *self* e do objeto cindidas e projetadas, bem como as expectativas da paciente em relação à terapeuta.

Essa vinheta corrobora a hipótese levantada por Marziali e Munroe-Blum (1987) de que a automutilação frequentemente ocorre quando o terapeuta falha em compreender ou manejar as expectativas inconscientes do paciente.

Muitos psicanalistas têm proposto o *acting out* e a somatização como alternativas-rota para a descarga dos impulsos agressivos, que tendem a diminuir à medida que a habilidade para verbalização da agressão aumenta no contexto da fantasia e da memória, que seria o papel das clarificações e interpretações na psicoterapia breve.

Quando as manifestações transferenciais negativas se estabelecem desde o início de forma intensa, sem serem trabalhadas, acabam por inviabilizar a continuação do processo terapêutico.

> No caso de **Suelen**, desde a entrevista inicial predominaram as manifestações transferenciais negativas, expressas por uma apresentação muito polida e distorcida de si, oposta à apresentada ao psiquiatra, que não foi percebida pela entrevistadora. Na primeira

sessão terapêutica chegou com 15 minutos de atraso, referindo ter sido abordada por trombadinhas aos quais enfrentou, e sua decisão de mudar para um emprego no qual pudesse trabalhar de acordo com seu astral e o quanto havia batalhado para criar o filho e depois ajudá-lo a superar as drogas. Elogiava muito a nora que cuidava de seu filho. Esses aspectos não foram trabalhados transferencialmente. Não compareceu à sessão seguinte, nem avisou. Quando a terapeuta conseguiu entrar em contato com ela (após várias tentativas), disse estar com princípio de pneumonia, sem poder sair de casa e sem ter forças para telefonar. Remarcou-se a sessão. A paciente faltou e não entrou mais em contato.

Na sessão, a paciente desvencilhou-se da tarefa, afastando-se da situação-problema a ser trabalhada, sendo inundada pela angústia persecutória, percebendo a terapeuta como uma mãe má, inoperante, a qual procurava ludibriar, com êxito. Identificava-se com uma mãe incompetente e incapaz (criação do filho), que projetava na terapeuta. Esta, então, tornou-se ameaçadora e Suelen afastou-se definitivamente.

11

Aspectos evolutivos do processo psicoterápico

Procurarei discutir os aspectos evolutivos a partir de três casos clínicos, com a apresentação da queixa de uma avaliação clínica adaptativa que permite o estabelecimento de situações-problema. Em seguida, a evolução do processo psicoterápico breve é apresentada e discutida mês a mês, refletindo-se sobre o alcance e os limites dessa modalidade terapêutica e a manutenção da eficácia terapêutica no período de seis meses, levando em conta o nível de comprometimento e a motivação de cada paciente.

Ana

Ana (26 anos) trazia como queixa "vontade de morrer", solidão, angústia, dificuldade de relacionamento com o companheiro, choro constante.

Apresentava uma marcada dificuldade para estabelecer trocas afetivas, amando com exagero e idealizando, mostrando-se dependente emocionalmente, principalmente em relação ao companheiro, submetendo-se por temor de ser abandonada. A tolerância à frustração era baixa, tendendo a autoagredir-se. Sua agressividade destrutiva parecia dissociada, estabelecendo uma relação perversa com o companheiro. Nutria uma baixa autoestima, marcado sentimento de culpa, elevado nível de ansiedade e pouca capacidade empática. Com as intervenções terapêuticas parecia readquirir a empatia, e, em consequência, condições de *insight*, sendo capaz de reconhecer alguns de seus sentimentos. Diante das pessoas tendia a mostrar-se retraída e desconfiada, evitando o contato social, também por imposição do companheiro.

Suas atividades circunscreviam-se às tarefas domésticas e aos cuidados com o filho, que parecia desempenhar sem dificuldades. No entanto, sentia-se insatisfeita e inútil por não trabalhar fora. Quando tentou trabalhar, o companheiro ameaçou separar-se.

Não apresentava interesse em informar-se ou atualizar-se, não participando de eventos, festas ou reuniões, só estabelecendo amizades com quem o companheiro permitia. Não trazia queixas somatoformes.

Esperava com o tratamento aprender a ser mais direta, poder falar o que pensava sem medo. Durante o período da psicoterapia foi medicada com antidepressivo.

Situações-problema:

- Abordar a situação conjugal na qual estabelecia uma relação sadomasoquista.
- Trabalhar sua baixa autoestima, com isso o temor de abandono e a angústia de não poder viver sem o companheiro.
- A inatividade, devido à imposição e à dependência do companheiro, estimulando o retorno ao trabalho.

Processo psicoterápico — evolução clínica

1º mês

Ana mostrou-se muito perseguida ante a situação nova de psicoterapia, mas, à medida que pôde falar a respeito, sua resistência atenuou-se, bem como as manifestações transferenciais negativas. Durante as sessões oscilava entre manifestações transferenciais negativas e positivas.

O tema predominante era o comportamento instável do companheiro, suas proibições e estranhezas, principalmente na esfera sexual e o temor que sentia deste. Referiu que seu filho sentia medo de ficar na rua quando anoitecia, o que parecia ser uma forma de evitar brigas entre os pais. Temia colocar-lhe limites.

Abordou as perdas ocorridas em sua vida por morte (dois irmãos e um filho) e a forma como a mãe afastava-se ao perceber as dificuldades familiares. Quando seu primeiro filho morreu, parou de trabalhar e passava os dias no cemitério, até a encaminharem para casa. Sentia muita vergonha de ter um irmão morto em chacina.

A relação com o companheiro parecia reproduzir seu padrão de relacionamento com o pai (quando dependente, "boazinha" — pai carinhoso e presente; quando independente — pai bravo, severo, que abandona) e com sua família, na qual sempre precisava tomar as decisões e resolver os problemas (companheiro não queria que saísse à noite, mas exigia que fosse sozinha de madrugada resolver os problemas da mãe dele).

Ao perceber que havia entrado nessa relação sem conversar e sem conhecer direito o parceiro, para preencher a falta do filho, referiu vontade de parar o tratamento, ao mesmo tempo que pedia ajuda para não fazê-lo. Temia que ao entrar em contato com suas dificuldades, não pudesse mais negar suas reais possibilidades e refugiar-se no medo, o que a levaria a separar-se do companheiro. Receava também que a terapeuta, ao saber de sua história, não mais a aceitasse.

Faltou na quarta sessão. A terapeuta ligou confirmando a próxima sessão.

2º mês

Chegou com 20 minutos de atraso, verbalizando a vontade de continuar, mostrando-se ambivalente, oscilando entre manifestações transferenciais negativas e positivas. Havia faltado para realizar um serviço de banco para o companheiro. Parecia que o fato de a terapeuta ter-lhe telefonado depois que contou aspectos que tinha dificuldade em aceitar surtiu o efeito de uma "permissão para ser", possibilitando colocar-se mais em relação ao companheiro. Contou das recentes discussões e de como pôde enfrentá-lo, mas que ainda não estava conseguindo conversar como gostaria.

Parecia estar tentando respeitar-se mais, embora ainda sentisse dificuldade de valorizar o que realizava. Percebia o companheiro como mais estável.

Trabalhou-se novamente a repetição da situação infantil "menina boazinha" — recompensa/"menina desobediente" — punição, que reeditava na relação conjugal, sentindo-se sempre culpada e amedrontada. Com o filho também percebia-se "chantageando" (sic), reconhecendo a necessidade de dependência deste para poder sentir-se útil. Necessitava de que todos dependessem de si em razão do temor de ser abandonada.

Após esses aspectos terem sido clarificados, ligou avisando que não viria na próxima sessão, repetindo a mesma dinâmica aproximação/fuga. Na oitava sessão, ligou desesperada, dizendo que o companheiro a havia trancado em casa e que não poderia comparecer. Foi proposta a reposição da sessão.

3º mês

A partir da falta na oitava sessão, Ana passou a chegar com 25 minutos de atraso, o que parecia indicar sua ambivalência entre examinar a relação doentia com o companheiro e cegar-se.

Examinou-se o papel que este ocupava em sua vida, enquanto substituto do filho morto e ela enquanto uma mãe superprotetora para evitar nova perda, situação esta que lhe trazia insatisfação enquanto mulher. O companheiro parecia também assumir o papel do filho mais velho que competia com o filho mais novo.

Mantinha-se dependente financeiramente para não entrar em contato com sua culpa e temor de perda, que se expressava por uma dependência doentia em uma relação sadomasoquista, com um homem que percebia como emocionalmente doente. Ela não se dava conta do temor dele em perdê-la, assumindo todo o medo sozinha.

Paulatinamente, foi conseguindo colocar-se mais em relação ao companheiro, questionando o quanto gostava e precisava dele. Perante seu novo sumiço, não se desesperou, podendo pensar na possibilidade de ter sido abandonada e buscar alternativas de como se virar na vida com seu trabalho. Queixava-se de uma relação agressiva, sem respeito e sem amor, que não lhe servia mais.

Faltou na última sessão, na qual o processo seria finalizado.

Em contato telefônico disse que faltou porque ficou com medo de ouvir que era louca, pois, para ela, nessa sessão ser-lhe-ia dado seu diagnóstico.

Mais uma vez o padrão aproximação/fuga foi estabelecido. Não podia melhorar porque isso implicaria romper a relação doentia com o companheiro.

Aceitou comparecer à entrevista de avaliação de resultados, realizada um mês após, devido às dificuldades de conseguir o contato telefônico.

Compreensão dinâmica

Ana trazia uma história familiar marcada pelas dificuldades conjugais dos pais, sendo ambos distantes afetivamente. Desde cedo assumiu os cuidados dos irmãos, sendo recompensada ao obedecer, ao ser submissa, e punida ao ser desobediente, precisando assumir papéis decisivos nos momentos de crise familiar, papéis estes que os pais não assumiam. Reproduzia esse modelo em sua vida conjugal. A figura masculina foi introjetada como ausente e punitiva, sempre ameaçando com o abandono.

Sua primeira tentativa de suicídio parecia relacionada com a morte do namorado. Por sua fragilidade egoica, não suportou a ansiedade depressiva, querendo ir junto, dando fim à própria vida, o que equivaleria a um ataque contra a realidade.

Tentou superar essa necessidade e dependência da figura masculina tendo um filho sozinha e só para si, negando a necessidade de um pai para a criança, caracterizando uma maternidade com marcados traços narcisistas, em que em sua fantasia produzia sozinha um bebê (erotismo anal), como um produto fecal. No entanto, essa criança morreu aos três meses, quando Ana voltou a trabalhar. Sentia-se culpada e não conseguia elaborar a perda. Deixou de trabalhar, só pranteava o filho, passando seus dias no cemitério, como uma tentativa de negar a morte.

Após dois anos dessa perda conheceu o atual companheiro, acolhendo-o como se fosse o filho, estabelecendo com ele uma relação de mútua dependência, com padrões perversos, sadomasoquistas. Ele continuamente viajava sem avisar ou dar notícias, o que a deixava desesperada, revivendo a situação de seu segundo irmão que foi assassinado e que ficaram sem notícias por dias. Projetivamente, assumia que a dependência era só sua, mostrando-se desesperada ante as ameaças de abandono do marido e tendendo a voltar sua agressividade contra si, na forma de tentativas de suicídio. Ele a controlava pela intimidação e pelo dinheiro. Perder o companheiro representava perder a significação do mundo.

Esse temor patológico de perder o objeto propiciava uma dependência escravizante diante de uma angústia depressiva insuportável. A relação autodestrutiva com o companheiro baseava-se no fato de não poder ter vida própria, por não desprender-se do objeto. Não podia viver sozinha, precisando ficar com alguém que nunca fosse embora, mesmo que em uma relação patológica (viscosidade do objeto).

Nessa relação sadomasoquista existia uma idealização primitiva do parceiro enquanto um objeto poderoso e cruel, com falhas na dimensionalidade moral. Parecia ter necessidade de expiar sua culpa, derivada de fontes pré-genitais na relação com esse companheiro cruel, sádico. No entanto, ainda parecia querer preservar sua possibilidade para a intimidade recusando-se a participar de atividades sexuais grupais.

Os sumiços do companheiro, apesar de expressarem uma tendência sádica, pareciam ter também uma função estabilizadora, de descontinuidade, na qual o nível de agressão diminuía, diminuindo assim o risco de vida envolvido em uma relação tão agressiva (Kernberg, 1995).

Tentava estabelecer com o filho uma relação superprotetora, tendendo a mantê-lo infantilizado, para que ele não fosse mais um homem a abandoná-la. Porém, deparava-se com a rivalidade do filho mais velho (companheiro).

No decorrer do processo começou, de forma ambivalente, a posicionar-se diante do companheiro, porém o fato de este representar o filho morto a deixava presa à situação.

Transferencialmente, a terapeuta era sentida como a rival do companheiro, rival esta que apontava para os potenciais de Ana e para os aspectos doentios da relação. As reações transferenciais positivas e negativas alternavam-se, com manifestações de resistências expressas por faltas, constantes atrasos e pela fantasia de receber um diagnóstico de loucura na última sessão.

Cabe notar que em várias sessões se questionou a sanidade mental do companheiro e não a dela, mas por um mecanismo de identificação projetiva assumiu a loucura para si.

Entrevista de avaliação de resultados

Considerou haver melhorado bastante, conseguindo colocar-se mais frente ao companheiro, não se sentindo mais "um cachorrinho frente ao seu dono" (sic), e ainda culpada, embora considerasse que a solução fosse a separação. Percebia que podia fazer coisas para si e para o filho sem precisar do companheiro. Disse que quase desistiu da psicoterapia devido à pressão do companheiro, mas que conseguiu persistir, embora com algumas faltas. No início das sessões, sentia dificuldade para começar, depois não sentia vontade de terminar. Sentiu-se compreendida pela terapeuta, ressaltando que o "foco" (sic) a ajudou a entender melhor seus problemas.

Findo o processo psicoterápico, Ana não referia mais vontade de se matar, embora as ameaças por parte do companheiro e as dificuldades conjugais persistissem. As crises de choro haviam cessado e conseguia colocar-se mais diante do companheiro. Sentia-se muito só em casa. Embora ainda não estivesse trabalhando fora, conseguia deixar peças que confeccionava em crochê em uma boutique.

Respondeu satisfatoriamente à psicoterapia breve, considerando-se o ambiente rígido em que vivia uma relação sadomasoquista com o companheiro, o que dificultava qualquer mudança. Percebia a si e ao outro de uma forma mais realística, questionando seus sentimentos pelo companheiro e o comprometimento emocional deste. Não reunia força egoica suficiente para romper a relação, mas estava conseguindo colocar-se mais e suportar suas ausências e ameaças. Aventava a possibilidade de viver sozinha, podendo pensar em alternativas para se manter financeiramente.

No entanto, o tempo de psicoterapia pareceu não ter sido suficiente para sedimentar suas percepções, não conseguindo uma mudança satisfatória em nível conjugal, o que para ela implicava separação.

Entrevista de avaliação de resultados após seis meses

Compareceu bem arrumada, com roupas decotadas, dizendo-se satisfeita consigo mesma e com a vida. Considerava que seu casamento havia melhorado 80%, pois não se calava e não sentia mais medo de ser abandonada. Em uma discussão mandou o companheiro embora, desde então começaram a conversar; ele passou a sair menos sozinho, a dar mais atenção a ela e ao filho, a não controlar tanto o dinheiro, permitindo-lhe comprar as coisas que desejasse. Também não fazia mais cenas quando ela não queria manter relações sexuais. Pelo fato de conversarem, sentia mais desejo sexual. Sentia-se feliz por ter colocado um limite e ter-se respeitado.

Não assumia mais os cuidados da filha do companheiro, visto terem duvidado de sua palavra ao relatar uma entrevista com a diretora da escola. Também não apartava mais as brigas da sogra.

A relação sadomasoquista parece ter sofrido um abalo, pois, quando ela saiu do papel de quem temia o abandono, ele começou a sentir o medo da perda. À medida que pôde respeitar-se, conseguiu colocar seus limites, possibilitando ao companheiro assumir seu papel de pai.

Nas situações em que era invadida pelo medo, funcionava de uma forma mais regredida, por exemplo, quando disse que gostaria de engravidar, mas estar tentando sem o conhecimento do companheiro. "É uma decisão minha e do meu filho que me pede um irmãozinho, se ele não quiser, não precisa assumir". Nesses momentos substituía o filho pelo marido, assumindo um lugar de controle na relação. Mais uma vez em sua vida negava o lugar do pai por medo da perda.

As mudanças ocorridas pareciam mais adaptativas, porém estruturalmente não houve alteração (relação sadomasoquista com inversão de papéis e estrutura narcísica), como é esperado em uma psicoterapia breve. Houve melhora na qualidade de vida, com possibilidade de pensar as situações e colocar limites, devido ao abrandamento do temor da perda, a qual o companheiro, provavelmente por identificação projetiva, atuava.

Ana também sonhava em ter uma casa térrea, sentia-se presa no apartamento, embora tivesse ampliado seu círculo de amizades no prédio. Sua atividade predileta era jogar videogame (antes exclusiva do companheiro). Não sentia mais necessidade de trabalhar.

Percebia que seus problemas não eram diferentes dos das outras pessoas, percebia também o quanto a família do companheiro era comprometida. Ressaltou o quanto a psicoterapia lhe fez bem, pois desejava mudar e mudou.

Bia

Bia, 36 anos, apresentava como queixa: depressão, falta de vontade de viver, às vezes dormia o dia todo, comia compulsivamente e não sentia vontade de fazer nada. O relacionamento com o companheiro era difícil e encontrava-se às voltas com uma questão empregatícia correndo na Justiça.

Sentia-se deprimida há sete anos, desde sua união com o companheiro. Há dois anos os sintomas acentuaram-se, e há quatro meses havia tentado suicídio por ingestão de medicamentos.

Apresentava uma marcada dificuldade para estabelecer trocas afetivas, dando pouco afeto, tendendo a estabelecer relações de dependência e a considerar o outro enquanto objeto para seus fins (relações de uso), denotando pouca capacidade empática e tendência ao isolamento. Percebia pouco seus sentimentos, tendendo a projetá-los. Possuía uma baixa tolerância à frustração, com dificuldade no controle dos impulsos, sendo propensa a agressões verbais e ocasionalmente físicas, tendendo a voltar sua agressividade contra si mesma, sob a forma de somatizações. Confiava pouco em si, apresentando traços persecutórios, com elevado nível de ansiedade, expressos pela voracidade e por alguns ataques de pânico. Demonstrava pouca capacidade para o *insight*, aprendendo pouco com as experiências. Seu autoritarismo acentuava suas dificuldades de relacionamento.

Permanecia a maior parte do tempo deitada, não conseguindo realizar as tarefas domésticas. Não se fixava nos empregos alegando dificuldades de relacionamento, estando há três meses sem trabalhar. Executava tarefas de forma minuciosa, cansando-se com facilidade, com dificuldade em aceitar sugestões e perceber suas falhas.

Nutria reduzido interesse pelos acontecimentos externos. Não tinha amigos, havia parado de frequentar seu grupo religioso. Às vezes cometia pequenos furtos em lojas. Não mostrava interesse em manter-se atualizada.

Era obesa, comia em excesso, dormia o dia todo. Há meses não mantinha relações sexuais com o companheiro.

Gostaria de ser alegre, descontraída e magra. Foi medicada durante todo período da psicoterapia com ansiolíticos e antidepressivos.

Situações-problema:
- Abordar a inatividade com o objetivo de motivar para a busca de um emprego — ficava sozinha em casa sem conseguir fazer nada, o que acentuava seu estado depressivo.
- Abordar as dificuldades conjugais.

Processo psicoterápico — evolução clínica

1º mês

O processo psicoterápico foi iniciado um mês após a etapa de triagem. Nesse intervalo de tempo, Bia havia resolvido sua questão empregatícia na Justiça, com ganho de causa, e desistido do processo de difamação contra a ex-patroa, sentindo-se mais aliviada.

O início do tratamento foi marcado por manifestações transferencias negativas, com constantes questionamentos hostis sobre o que lhe era dito pela terapeuta, por vezes mostrando um sorriso irônico e sádico, com prejuízo da capacidade para estabelecer associações. Projetava maciçamente suas dificuldades nos outros, culpando-os e sentindo-se perseguida, magoada, isolando-se e chorando constantemente, inclusive durante as sessões.

Conforme a angustia persecutória e a raiva que permeavam suas vivências foram sendo trabalhadas na relação transferencial, as manifestações transferenciais positivas começaram a emergir, associadas à angústia de separação que um tratamento breve lhe mobilizava. Mostrava-se sempre relutante em admitir suas melhoras e progressos, tendendo a acentuar as dificuldades.

A situação embaraçosa e de caráter autodestrutivo na qual se envolveu no último emprego era usada como uma justificativa para se isolar e não buscar outras ocupações, temendo a própria agressividade.

A raiva que sentia pelos homens foi emergindo e associando-se às manifestações de hostilidade para com a terapeuta. Expressava seu temor de que esta a abandonasse como a terapeuta anterior ao se deparar com sua autodestrutividade. Começou a falar dos "*homens assustadores de sua vida*" e do quanto se sentia rejeitada pelo companheiro por estar doente. Quando lhe foi apontado como colocava-se no lugar da primeira esposa do companheiro (quarta sessão), Bia pareceu reagir, podendo sair da cama e começar a cuidar da casa, chorando menos, inclusive durante as sessões.

Na quarta sessão passou a ser atendida por um psiquiatra da Instituição.

2º mês

Estabeleceu com o psiquiatra um vínculo de extrema dependência, não fazendo nada antes de consultá-lo. Parecia existir uma cisão entre o acompanhamento medicamentoso e o processo psicoterápico, talvez também como uma forma de lidar com o fim da psicoterapia breve vivenciada como um abandono, procurando manter um vínculo com a Instituição.

Conforme foi trazendo sua agressividade, foi entrando em contato com os objetos destruídos dentro de si, com a pouca valorização de seu trabalho, com suas vivências de raiva infantil e seus ataques de ansiedade e raiva diante do abandono, o que lhe mobilizava uma intensa angústia de aniquilamento, manifesta pelo choro, falta de ar, opressão no peito e vontade de morrer.

Sua atração por situações de risco começou a manifestar-se. Ante o aumento da tensão, ocorria a fragmentação, com perda da noção de perigo e avaliação distorcida da realidade.

Então trouxe para a sessão uma tapeçaria que estava bordando e seu descontentamento pelo pouco que recebia com isso. Contou que bordou o primeiro tapete quando pensou estar grávida de um filho do companheiro, que ele não queria, desde então começou a sentir-se deprimida.

Parecia estabelecer uma relação sádica com o companheiro, punindo-o com sua depressão e ele evitando-a sexualmente. Não conseguia conviver com o filho e o companheiro, podendo apenas estabelecer relações duais, pois o terceiro sempre ficava de fora e com ciúmes.

Na sétima sessão mostrou-se muito deprimida, com queixas físicas, aumento da irritabilidade, sentindo-se invadida pelos novos vizinhos de apartamento. Em seguida relembrou o quanto foi difícil sua relação com a mãe desde bebê, precisando ser cuidada pelas vizinhas por não aceitar os cuidados da mãe. Descrevia sua agressividade na infância em relação à mãe, ao irmão, aos colegas, com orgulho. À medida que a raiva que se voltava contra ela como depressão foi sendo apontada, Bia começou a queixar-se de uma dor no peito insuportável, chorando e gemendo, começando a falar como uma garotinha, dizendo que foi nesse estado que tentou suicídio. Contratransferencialmente, a terapeuta foi se sentindo excluída, sem possibilidade de pensar e com vontade de por fim a sessão.

3º mês

Conforme sua angústia de separação e temor do abandono foram sendo trabalhados, procurava aproximar-se mais do companheiro. Mudou-se de casa e assumiu um papel mais ativo, podendo começar a discriminar o que de fato não podia e o que temia. Fez amizade com uma vizinha, voltou a frequentar a igreja (Testemunha de Jeová). Começou a ter desavenças com o síndico e a verbalizar seu temor perante a própria agressividade. Transferencialmente permaneceram as oscilações, porém com ênfase nas manifestações transferenciais positivas.

Na décima sessão suas aquisições foram assinaladas. Na sessão seguinte, Bia mostrou-se muito deprimida, atribuindo sua piora à medicação e ao psiquiatra. Trabalhou-se o quanto sua melhora e o término da psicoterapia a angustiavam. Temia voltar a trabalhar, ser contrariada e perder o controle, partindo para a agressão física.

Durante o processo, conseguiu estabelecer uma maior intimidade com o marido, melhorando suas relações afetivas com o filho e com a mãe, conseguindo colocar alguns limites em relação a esta. Retomou sua rotina doméstica, sentindo-se inclusive disposta a ajudar a reformar e pintar o apartamento e ocupando-se da mudança. No entanto, mostrou-se sempre relutante em seguir os passos propostos para pensar em sua reinserção no mercado de trabalho, sentindo-se ainda fragilizada e imatura para buscar um emprego fora de casa, apesar da aparente disponibilidade do companheiro em tentar ajudá-la a procurar esse emprego. Conseguia identificar seu medo de repetir experiências desastrosas no trabalho, e parecia capaz de prever suas descargas agressivas.

Perante tal angústia de separação, as aquisições advindas com a psicoterapia breve poderiam manter-se?

Compreensão dinâmica

Apresentava uma estrutura de personalidade narcísica, com baixo limiar à frustração, não admitindo ser contrariada. A figura materna foi introjetada como rejeitadora e a figura paterna como ameaçadora e cruel, figuras pré-genitais impossíveis de contentar. A raiva que sentia em relação à figura materna mobilizava intensa angústia persecutória, dificultando a integração dos impulsos libidinais e agressivos, sendo a raiva o sentimento predominante em suas vivências. Em sua fantasia, o pai e o primeiro marido formavam um casal sádico que queria destruí-la, levando-a a tentar o suicídio.

Quando não podia ferir o outro, feria-se para castigá-lo e impingir-lhe culpa. Não conseguiu elaborar a posição depressiva, guardando um forte sentimento de ser rejeitada, injustiçada e apresentando também traços delinquenciais (pequenos furtos, dívidas que não tinha como saldar).

Tentava transformar a relação com o companheiro na relação que nunca teve com o pai, colocando-se no papel da criança a ser cuidada e procurando mobilizar sua raiva. O filho real ficou entregue aos cuidados dos avós, fantasiando que se ficasse com o filho os pais morreriam, por roubar-lhes o bebê. O bebê idealizado que não chegou a ter era um produto de seu desejo, que de certa forma independia do marido, e era por este que chorava.

Em nível transferencial, em muitos momentos não conseguia estabelecer uma interação direta com a terapeuta. Esta, contratransferencialmente, às vezes, sentia muito sono, provavelmente pelo fato de Bia permanecer muito centrada em seu mundo interno. Quando na sétima sessão começou a chorar, isso despertou raiva na terapeuta, tendo esta se sentido manipulada e começado a colocar-se no lugar do companheiro de Bia, que não desejava mais se aproximar. Pelo mecanismo de identificação projetiva era como se a terapeuta também desejasse abortá-la. Por meio do *acting out*, Bia procurava reviver a situação de um bebê que muito sofreu com o abandono, sentindo-se abortada e castrada.

Entrevista de avaliação de resultados

Avaliou o processo positivamente, assinalando a diminuição do estado depressivo e a melhora ocorrida em sua vida conjugal, embora ainda mostrasse sinais de resistência em procurar trabalho fora de casa, não se considerando pronta para tal. Verbalizou ser 12 semanas um tempo muito curto e que gostaria de continuar a psicoterapia por mais tempo.

Mostrava-se bastante contraditória em suas explanações e por vezes ambivalente. Ao mesmo tempo que destacava algumas melhoras também as negava de modo destrutivo, parecendo ser esta uma forma de lidar com o término da psicoterapia e com os sentimentos de abandono e raiva mobilizados, talvez na tentativa de minimizar a ansiedade de separação e os aspectos positivos do processo.

Findo o processo, apresentava melhora da depressão, não permanecendo mais o dia todo na cama, não chorando a maior parte do tempo e não pensando mais em morrer. As crises de angústia haviam diminuído, parecendo mais circunscritas à situação de trabalho. Seu relacionamento com o companheiro havia melhorado. Procurava comer menos. A irritabilidade não sofreu alteração.

O processo de psicoterapia breve ajudou Bia a resgatar um espaço mental para pensar, criando uma ponte entre o sentir e o pensar, e com isso a possibilidade de um melhor controle dos impulsos. Parecia mais integrada, avaliando mais realisticamente suas dificuldades e sintomas, mostrando-se capaz de discriminações. Sua tendência a exagerar algumas de suas dificuldades e sua irritabilidade não sofreram alteração.

Durante o processo, a ênfase foi dada na situação-problema relacionamento conjugal, tendo Bia respondido positivamente, podendo inclusive reatar sua vida sexual com o companheiro de forma prazerosa.

A situação-problema emprego foi menos enfatizada, talvez por esse motivo o resultado tenha sido parcialmente atingido, no sentido de ela poder nomear e entrar em contato com seus medos. Não houve tempo suficiente para que seus novos aprendizados a instrumentassem para uma busca efetiva de emprego.

Ao final do processo, manifestou o desejo de continuar em psicoterapia. Dado os limites do contrato, reformulou seu pedido para o desejo de conhecer-se melhor por meio de uma psicoterapia sem prazo predeterminado, tendo sido encaminhada.

Entrevista de avaliação de resultados após 6 meses

Sua aproximação sexual com o marido não persistiu. Ela o percebia muito nervoso e estressado; evitava brigar, embora se sentisse magoada. Considerava que seus sintomas haviam melhorado cerca de 75%, embora às vezes ainda sentisse vontade de se isolar. Temia perder o controle e se jogar pela janela, procurando controlar-se. Sua depressão e ansiedade acentuavam-se no período pré-menstrual. O marido tirou-lhe o cartão de crédito e o talão de cheques devido a seus gastos compulsivos, embora se considerasse mais responsável. Não conseguia seguir as dietas para emagrecer. Havia iniciado hidroginástica há alguns dias. Estava procurando emprego e aguardando respostas, embora o companheiro não concordasse.

Sentia-se mais sociável, tendo reatado algumas amizades. Estava se reconciliando com o irmão e as relações com os pais permaneciam difíceis e tensas. Aproximou-se mais do filho.

Referiu que durante a psicoterapia sentia-se triste ao recordar e ver coisas a seu respeito. Considerou que aprendeu a pensar, percebendo sua sensibilidade e a necessidade de se controlar mais, evitando assim colocar-se em situações difíceis. Disse que sentia raiva da terapeuta por esta cutucar-lhe as feridas, além de medo e tristeza.

Apresentava uma forte dependência em relação ao psiquiatra. Havia começado a fazer psicoterapia na Instituição e queixava-se

> muito da atual terapeuta, dizendo que preferiria não ter mudado de terapeuta, pois havia se sentido muito abandonada. Gostaria de tomar menos remédios, poder trabalhar e emagrecer (estava com 107 quilos).

Quando a terapeuta entrou em contato, por telefone, com Bia, esta a princípio mostrou-se um pouco hostil, colocando algumas dificuldades, mas em seguida concordou com a entrevista. No dia da entrevista mostrou-se colaboradora e amistosa.

Seu padrão infantil e dependente de relacionamento não havia se alterado, projetava as dificuldades no companheiro e sentia-se rejeitada, criando situações para que este exercesse um controle externo, visto sentir a fragilidade de seu controle interno. Aparentemente parecia ter desenvolvido um melhor senso de limites, procurando diminuir a dependência em relação aos pais e ao mesmo tempo proteger-se contra as dificuldades que encontrava nessa relação, mas parecia transferir essa dependência para o psiquiatra. Cindia as relações e situações, mantendo intacto seu padrão primitivo de idealizações e desvalorizações.

O baixo limiar à frustração associado à ansiedade tendia a dirigir sua agressividade contra si mesma, por meio do comer compulsivamente, das somatizações, das ideias suicidas que buscava dissipar transformando-as em "pânico por janelas" (sic) na tentativa de proteger-se. Procurava reconhecer seus sentimentos e impulsos, detectando períodos de maior vulnerabilidade.

Em nível adaptativo parecia mais fortalecida, tentando realizar coisas para si, como a hidroginástica, a busca de um trabalho, embora projetasse no companheiro a parte que a detinha e a fazia postergar seus planos. Em todos os setores adaptativos parecia haver uma melhora qualitativa de desempenho, com alguma diminuição da ansiedade persecutória, permitindo uma melhor adequação de sua produtividade e das relações sociais.

Apresentava a instabilidade própria dos quadros *borderline*, oscilando entre momentos de percepção e de não percepção de si e do outro, tornando oscilante sua capacidade de introspecção e *insight*.

Antônio

Antônio era um jovem de 23 anos, que não conseguia trabalhar ou estudar há dois anos. Temia sair de casa, apresentando ataques de pânico. Alternava meses que usava drogas (cocaína, crack, maconha) e meses que só usava a maconha. Queixava-se de desânimo, preguiça, de trocar o dia pela noite. Nutria dúvidas sobre sua sexualidade e suspeitava que suas dificuldades se relacionassem com o uso de drogas, mas não tinha certeza.

Apresentava marcada dificuldade para estabelecer trocas afetivas, estabelecendo relações de uso, com pouca capacidade empática e tendência ao isolamento. Exercia pouco controle sobre seus impulsos, evidenciando baixa tolerância à frustração, tendência a agressões físicas e verbais, além de dificuldade em assumir responsabilidades. Confiava pouco em si, evidenciando traços persecutórios e megalomaníacos, com elevado nível de ansiedade, expresso por ataques de pânico e voracidade. Aprendia pouco com as experiências, denotando ínfima capacidade para o *insight*.

Permanecia a maior parte do tempo divagando, em seu quarto, com tendência a exaltar sua produção literária. Não conseguia manter-se nos empregos, estando há quase dois anos sem trabalhar. Mudava com frequência de curso, sempre desistindo destes. Às vezes cometia pequenos furtos em casa e no supermercado.

Apresentava dificuldades quanto à sexualidade, comia em excesso, era obeso. Fumava maconha, queixava-se de problemas respiratórios e alergias.

Esperava com o tratamento poder controlar a depressão, o medo, a ansiedade, a insegurança, para poder dar continuidade às tarefas. Pretendia entrar em um curso de computação e trabalhar na montagem de um jornal. Durante o processo de psicoterapia estava sendo medicado com neuroléptico e antidepressivo.

Situações-problema:

- A inatividade — dificuldade de dar continuidade às tarefas, o que acentuava a depressão, os sintomas de pânico e as dificuldades de relacionamento.

- Regularização de seu horário de sono — visando à busca de trabalho, à diminuição de seu isolamento e talvez a uma melhora na relação familiar.

Processo psicoterápico — evolução clínica

1º mês

Na primeira sessão, as manifestações transferenciais negativas predominaram, relacionadas as situações-problema abordadas, como o desemprego, que associava às constantes pressões e cobranças dos pais. Trabalhou-se sua fantasia de ser doente e ser parecido com o irmão, identificando-se com este. Esse tema o mobilizava, angustiava, acentuava sua resistência. Queixava-se do clima de tensão constante em sua casa, mas relutava em reconhecer sua contribuição para tal estado de coisas, colocando-se no papel de doente; não realizava para não ser cobrado pelos pais.

Nas sessões seguintes, retomou o tema dizendo sentir culpa por não cuidar do irmão e que queria tratar-se, reconhecendo sua impulsividade e agressividade, sua tendência à divagação e ao isolamento. Começou a discriminar seu ciúme em relação ao irmão e a manifestar uma transferência mais positiva, trazendo suas dificuldades perante a sexualidade e sua preferência por homens. Seu isolamento parecia ter também como função protegê-lo de atuar suas dúvidas e desejos sexuais.

Na terceira sessão, trouxe seus escritos e seus aspectos agressivos (brigas com vizinhos, versos e peça teatral com palavras de baixo calão e situações sórdidas). Conseguiu informar-se sobre um curso de computação, mas não se decidia a iniciar, justificando-se sempre pela preguiça. Abordou o uso de drogas. Trabalhou-se a discriminação fantasia/realidade; inatividade/aspirações (o que pensava e desejava ser), e seu efeito paralisador. Sua ambivalência persistia, comparecia às sessões, fazia associações, mas não seguia as orientações.

Na quarta sessão, a mãe compareceu em seu lugar, informando que Antônio havia arrumado um emprego e que pararia o tratamento devido ao horário. Gostaria de levar seus escritos. Pesquisou-se a dinâmica familiar. Foi oferecido a Antônio um outro horário, ao qual aceitou prontamente.

2º Mês

Mostrava-se animado com o emprego (atendente em um cursinho pré-vestibular), referindo bom relacionamento com o público e com os colegas. Sentia-se seguro para falar de seus pequenos furtos em casa e verbalizar seu desejo e temor de voltar a usar drogas pesadas quando recebesse o pagamento. Parecia um pouco mais diferenciado do irmão, reconhecendo sua culpa por não cuidar deste.

As manifestações transferenciais pareciam mais positivas, pedindo verbalmente à terapeuta que o ajudasse a pensar e a se controlar. Queria pensar em como gastaria seu dinheiro. Voltou ao tema da ex-namorada, agora descrita de forma pejorativa. Estava interessado por uma moça que havia conhecido.

Findo o prazo de experiência, foi dispensado do emprego, deprimiu-se, gastou parte de seu dinheiro em drogas, voltou a usar cocaína semanalmente, acompanhada da ingestão de álcool. Sentiu-se decepcionado consigo mesmo, pois julgava-se mais forte.

Voltou a isolar-se e a perder-se em divagações. Às vezes, durante as sessões, parecia mais integrado, conseguindo discriminar fantasia e realidade, principalmente em relação a suas aspirações literárias, que pareciam funcionar como uma forma de isolar-se, ficar remoendo ideias, sem poder produzir.

Reconhecia sua tendência a gastar compulsivamente. Pensava em procurar trabalho, mas temia que isso interferisse em sua arte, embora admitisse que há anos não conseguia escrever. Retomou-se sua dificuldade de cumprir o combinado, isolando-se, fazendo uso de drogas. Traçou-se novos planejamentos, com o levantamento de ocupações para as quais se sentia capacitado.

3º Mês

Mostrava-se animado com um emprego que estava vendo, faria uma entrevista no dia seguinte. Foi-lhe apontado que, quando frustrado, retornava às drogas e ao isolamento, mas que quando tentou trabalhar conseguiu, superando muitas dificuldades. Resistia em perceber que o que lhe atrapalhava a vida não era o trabalho e sim a droga.

Retomou seus sentimentos diante de sua adoção e o papel do pai adotivo em sua vida. Trabalhou-se a influência desses aspectos em sua vida sexual: mostrava uma indefinição quanto à escolha sexual, isolando-se, fantasiando ser um grande escritor, transar com homens sem tornar-se homossexual, poder realizar grandes transas com mulheres. Identificava-se com um pai ausente, punitivo, que o abandonou juntamente com sua mãe; ao mesmo tempo temia essa identificação, ficando no papel da mulher impotente, passiva, que espera.

Faltou à décima sessão. Nas duas últimas sessões mostrou-se mais prolixo, deprimido, pálido, sonolento, com pouca higiene pessoal, referindo ter voltado ao uso da cocaína e parecendo assustado com o término da psicoterapia, expressando sua vontade de continuar o processo. Não conseguiu o emprego pretendido. Refugiava-se no mundo da fantasia postergando sempre as decisões. Oscilava entre manifestações transferenciais positivas e negativas, mostrando-se desconfiado, mas honesto em suas esplanações.

Na última sessão, fez a seguinte avaliação: não apresentava mais problemas de memória, nem crises de pânico, podendo sair de casa sozinho. Sentia-se menos deprimido (apesar de considerar seu humor deprimido), menos isolado, mas ainda não tinha uma turma boa, por isso saia com os ex-amigos e quando tinha dinheiro usava droga pesada. Não deixou de fazer uso de maconha. Sua impulsividade diminuiu, procurava controlar-se, não arrumou mais brigas nem na rua, nem com o irmão. A relação com os pais ainda era difícil, sentia-se muito pressionado e reagia de forma hostil. Não se organizava para arrumar trabalho, ficava pensando, achava que sempre desistia das coisas por não ter escolhido e sim ter sido pressionado a escolher.

Planejava estudar jornalismo e trabalhar. Seu afeto parecia hipomodulado. Contava que não cumpriu o combinado, como uma criança esperando punição. Dizia também estar podendo pensar antes de agir, estar tentando escolher. Não havia regularizado seu horário de sono, mas dizia estar tentando. Como voltou a usar drogas percebia-se mais agressivo, irritado, com agressões verbais que ocorriam mais em casa, com os pais.

Compreensão dinâmica

Antônio temia entrar em contato com a realidade e se decepcionar, o que sempre ocorria devido a seu baixo limiar à frustração. Isolava-se, não saia de casa, também com o intuito de preservar-se de sua agressividade e tendência a buscar drogas e brigas.

Não conseguia trabalhar pela pretenciosidade, imaginando-se um grande escritor, parecendo ter uma concepção delirante de sua própria capacidade produtiva, que funcionava como uma defesa contra a culpa. A preguiça parecia expressar um sentimento de maldade interior, de onipotência, como a parte má e secreta que existia dentro de si, representando as atividades perversas.

Ante a vivência dos objetos perseguidores, o ego mobilizava uma forte ansiedade de ser avaliado, expressando-se pelas contínuas desistências de cursos, trabalhos, de ataques de pânico às vésperas dos exames vestibulares. O fracasso seria uma forma de aplacar o objeto mau, deslocando para uma situação externa sua angústia de aniquilamento.

Em nível da fantasia parecia desejar ser mulher e ter relações com o pai. Simbolicamente roubava o pênis do pai ao roubar coisas no supermercado ou em casa. Esse aspecto regressivo parecia dominar sua personalidade, associando-se a componentes megalomaníacos.

A separação era vivenciada de forma tão intensa e desorganizante, que procurava não apegar-se. Diante de qualquer experiência vivenciada, como abandono ou rejeição, tendia a voltar-se para as drogas, talvez como forma de diminuir sua angústia. Ante a frustração, devido à não constância do objeto, sua voracidade exacerbava-se, ocorrendo também uma regressão expressa por meio da criação de objetos ilusórios (como a masturbação mental, a droga).

Ao perder o emprego, voltou ao padrão adaptativo anterior, buscando o objeto idealizado (droga), a fim de neutralizar a angústia persecutória e a depressão. A droga propiciava uma falsa reparação, com euforia, onipotência, desprezo e triunfo sobre o objeto.

Idealizava a mãe natural, depositária da parte ideal perdida, angustiando-se pelo fato de ter sido abandonado e adotado. Invejava e dependia dos pais adotivos, mas temia ser novamente abandonado.

O ambiente no qual vivia era restritivo, emocionalmente comprometido, reforçando constantemente a frustração e a consequente regressão.

Durante o processo psicoterápico, as manifestações transferenciais positivas e negativas mesclavam-se. A resistência expressava-se pelo *acting out*, como pequenos atrasos, faltas, dificuldade no cumprimento do planejamento proposto, uso de drogas. Quando a angústia persecutória se acentuava, tendia à dissociação, distanciando-se da realidade, perdendo-se na prolixidade e nas divagações.

Entrevista de avaliação de resultados

Antônio considerava-se pior, confuso, com dificuldade para pensar antes de agir, deprimido e isolado. Trocava o dia pela noite (sono), referindo à volta de alguns "pensamentos estranhos" (sic) e da impressão de ter alguém falando com ele. Reconhecia os benefícios advindos durante o processo: diminuição da depressão, do pânico, possibilidade de pensar e de voltar a trabalhar, necessidade de tomar suas próprias decisões e poder pensar sobre seu relacionamento familiar, mas as circunscrevia ao período de tratamento.

A separação foi vivenciada como um abandono, perante o qual apareceu a desorganização, a confusão do pensamento, a angústia crescente. Solicitou ajuda e ventilou a possibilidade de um tratamento para ajudá-lo a lidar com as drogas.

A terapeuta o reencaminhou ao PROAD (Programa de Atendimento a Drogadicção).

Quanto às queixas iniciais, não apresentava mais dificuldades mnêmicas e suas crises de pânico haviam desaparecido, podendo sair livremente à rua, em qualquer horário. Sentia-se menos deprimido, isolado, agitado e preguiçoso, embora ainda considerasse seu humor deprimido. O horário de sono permanecia trocado, o desânimo persistia, bem como as dificuldades de relacionamento no ambiente familiar e o comer em excesso (havia engordado três quilos no último mês). Voltou a usar cocaína e álcool após ter perdido o emprego. Com o uso da cocaína sentia-se mais irritado, agressivo em casa e com vontade de cometer pequenos furtos.

No decorrer do processo houve uma evolução de sua possibilidade produtiva e do setor afetivo-relacional, mas a transitoriedade da experiência fez com que a adaptação retrocedesse, mas a experiência emocional permaneceu.

Pode-se dizer que o processo de psicoterapia breve teve três momentos: — a busca de ajuda com o início da compreensão de suas motivações; — o estar trabalhando acompanhado de uma melhora geral em seu quadro; — a perda do emprego e o fim da psicoterapia, mobilizando um processo degradativo diante da separação e da perda. A inadaptação grave pareceu ter sido um fator limitador da eficácia da psicoterapia breve.

Entrevista de avaliação de resultados após seis meses

Conseguia circunscrever o agravamento de seus sintomas ao uso de drogas. Voltou a fazer cursinho (saiu da inatividade) e se inscreveu na Fuvest (plano de vida). No entanto, devido uma dívida com um traficante e a ameaça recebida há 15 dias, estava com medo de sair só à rua e interrompeu seu curso. Parou de fumar maconha (não tinha quem lhe fornecesse). Há dois meses foi apreendido por policiais por porte de drogas, mas não ficou detido.

Percebia melhora em seu sono e diminuição da agressividade. Apresentava momentos de depressão nos quais pensava em matar-se, mas sentia medo. Queixava-se da preocupação por ser filho adotivo, do relacionamento com o irmão, das questões sexuais (sentia-se lidando com esses problemas com maior capacidade para pensar, buscando resolver, não se acreditava mais como artista e procurava ver seu papel na família). Tinha um amigo e frequentava sua casa (tendência à diminuição do isolamento). Quando se drogava sentia-se mais confuso, deprimido, preguiçoso, ficando na dúvida se as coisas realmente haviam acontecido. Havia entrado em contato com uma clínica para tratamento da adição e aguardava resposta. Pensava em mudar de cidade.

Havia engordado dez quilos e apresentava-se pouco asseado.

Perante esses dados, observou-se que em situações de estresse e de abandono a atuação do impulso autodestrutivo se acentuava (drogas/envolvimento com polícia/traficante/ideias suicidas/aumento de peso), levando-o a correr riscos cada vez maiores, o que debilitava sua já precária estrutura egoica. Utilizava como mecanismos defensivos a identificação projetiva, a racionalização, o isolamento, a formação reativa, o *splitting*, a negação e a idealização, com comprometimento do teste de realidade.

Seu mundo de relações permanecia empobrecido, tendendo ao isolamento e ao ensimesmamento, com pouca capacidade de empatia. O padrão de relacionamento mantinha-se manipulativo e explorador, usando o outro para satisfazer suas necessidades, sendo-lhe difícil suportar a frustração e a angústia, que acabavam por desencadear uma agressividade auto e heterodirigida. Sua capacidade para discriminar os próprios sentimentos permanecia reduzida, levando ao *acting out* e a alterações no senso de realidade.

Mostrava-se desconfiado, com tendências megalomaníacas que tendia a minimizar. No entanto, essa defesa não era suficiente para que pudesse procurar um emprego, permanecendo no mundo das "ideias".

Mais uma vez Antônio não conseguiu lidar com a melhora, com o sucesso (por exemplo, frequentar cursinho), procurando boicotar-se por meio de uma "armadilha" para interromper tudo e aliar-se à droga.

Em comparação com a avaliação realizada ao término da psicoterapia breve, percebe-se que a experiência ficou no nível cognitivo, não emocional, pois não teve efeito transformador. Talvez tenha permanecido a crença em uma possibilidade de tratamento, de ajuda, restando saber se passada a pressão do traficante realmente Antônio permanecerá em seus propósitos. Deve-se também considerar a comorbidade com uso de substâncias e a existência de um ambiente familiar muito desorganizado e doentio, que não pôde apoiá-lo em suas tentativas.

12

Considerações gerais sobre a evolução dos casos que completaram o processo psicoterápico

Nos casos atendidos, de um modo geral, observou-se uma resposta positiva à psicoterapia breve, com a manutenção de um vínculo terapêutico positivo, considerando-se a permanência no processo e a pronta colaboração para a realização das duas entrevistas posteriores de avaliação.

O nível de comprometimento na apreensão da realidade, a adequação dos comportamentos, os padrões de relacionamento e a forma de expressão dos sentimentos variaram de caso para caso, no entanto, todos apresentavam vivências afetivas tumultuadas e dolorosas, sentindo-se perdidos e desconfiados quanto à possibilidade de ajuda terapêutica.

Ana e Carlo referiram ter aprendido a pensar, e demostravam um melhor nível adaptativo seis meses após a psicoterapia breve, utilizando e aprimorando seu aprendizado, com atitudes menos autodestrutivas, inclusive tendo podido enfrentar situações críticas de forma mais adaptada. Ambos apresentavam recursos egoicos suficientes para constituírem família e cuidarem dos próprios filhos.

Bia também pareceu resgatar um espaço mental para pensar, tentando restaurar sua relação conjugal, mas a forte angústia de separação interferia negativamente no reconhecimento e na manutenção de suas aquisições. Havia desenvolvido motivação para uma psicoterapia de longo prazo, a qual estava desenvolvendo.

Antônio, Bia e Néa desde o início do tratamento consideraram o tempo proposto para a psicoterapia reduzido, o que, segundo Perry (1989), pode ser considerado um indício da dificuldade para se ater ao contrato, com propensão ao *acting out*.

A delimitação do tempo da psicoterapia, apesar de mobilizar a angústia de separação, também possibilita a permanência no tratamento, minimizando a sensação de fracasso por mais uma desistência. Talvez um fator a ser discutido e repensado seja a ampliação desse tempo para seis meses.

A possibilidade para pensar representa a possibilidade de colocar em palavras experiências terroríficas e angustiantes, podendo nomeá-las e simbolizá-las, por meio da relação transferencial.

A angústia excessiva leva a bloqueios associativos, à paralisia da capacidade de pensar, como apresentado no caso de Néa. Nos casos de Ana (não podendo recordar-se do motivo de sua primeira tentativa de suicídio) e Marta (não podendo compreender o que lhe acontecera aos 17 anos) observou-se que uma situação traumática ocasionou o *splitting* do ego ante a dor, tendo restado aí "um branco", "um buraco", sem a possibilidade de representação (Duparc, 1992a, 1992b; Levitt, 1992; Marsili, 1992; Mitrani, 1992; Silver, 1992; Ville, 1992). Cabe considerar esses aspectos dentro dos limites de um processo psicoterápico breve que não objetiva a reconstrução da personalidade.

A possibilidade para ligar os fatos e começar a pensar talvez tenha sido facilitada pelo vínculo estabelecido com a terapeuta, pela estrutura mais delimitada da proposta terapêutica (situações-problema), circunscrevendo temas, o que pareceu ser um fator norteador do processo.

O papel ativo, a postura continente da terapeuta e o manejo das manifestações transferenciais negativas facilitaram a vinculação dos pacientes, possibilitando suportar o fim da psicoterapia e podendo ter espaço para se falar dos sentimentos de abandono, de raiva, durante o processo e permitindo o reencontro após seis meses. A experiência emocional foi significativa e permaneceu, sendo que após seis meses os pacientes se lembraram das "coisas conversadas" enquanto algo bom a que recorriam constantemente nos momentos de estresse.

A psicoterapia breve pareceu ter aberto a possibilidade de recontar a própria história, com novas associações, com uma ótica diferente, podendo considerar-se como um participante da própria vida e não como uma vítima, melhorando a autoestima e a autonomia, principalmente nos casos de Ana e Carlo.

No caso de Marta, sua confusão manifestou-se concretamente por meio da desarrumação do quarto e da incapacidade de desfazer-se dos objetos, sendo-lhe difícil atingir o nível simbólico, o que dificultou o manter-se em psicoterapia, pois desejava que a terapeuta desse um rumo em sua vida, pagando dívidas, arrumando-lhe namorado, projetando maciçamente nesta o papel que atribuía à mãe.

No caso de Néa, a confusão mental expressava-se por sintomas obsessivos, na tentativa de conter a própria loucura e parar o tempo, evitando a separação dos pais. Sentia-se em geral presa de uma angústia terrorífica ao deparar-se com esses aspectos, defendendo-se por meio do bloqueio cognitivo ("Como?", "Não entendi"). A dificuldade em distinguir entre realidade e percepção falha do mundo propiciava ilusões e emoções que prejudicavam seu funcionamento cognitivo.

A psicoterapia pareceu trazer a Néa a possibilidade de pensar sobre a forma como conduzia sua vida e sua participação nas dificuldades de relacionamento, o que tentava levar enquanto aprendizagem para o novo trabalho, procurando controlar-se mais e vestir-se de acordo com as exigências que o novo trabalho requeria. Essas percepções motivaram-na para a procura de uma psicoterapia de longo prazo.

Antônio, Bia e Marta necessitavam de controle externo pelos gastos excessivos. Ana, apesar de não referir esses excessos, tinha os gastos controlados pelo companheiro. Carlo queixava-se do controle que as mulheres queriam exercer sobre ele e Néa protegia-se pela obsessividade.

No decorrer do processo, os pacientes trouxeram a sofrida vivência de forças opostas dentro de si, quase como um outro eu que agia destrutivamente, do qual nem sempre podiam ter conhecimento e controle, funcionando como uma armadilha contra as aquisições, como se construíssem com uma mão e destruíssem com a outra, caracterizando as organizações defensivas descritas por Bion (1962), O'Shaughenessy (1981) e Steiner (1979, 1987).

A conscientização desses aspectos levaram ao *insight* de um outro lado dissociado e destrutivo, assim descrito:

Carlo referia-se a um "lado truculento" que havia percebido na psicoterapia e do qual se envergonhava. Ana era uma mulher decidida longe do companheiro e ao seu lado mostrava-se submissa, temerosa, deprimida, sem poder utilizar os aspectos sadios de seu ego. Bia dizia que apenas poucos, ex-marido, pais e irmão, a conheciam realmente, pois haviam sentido a força do seu braço e temia que esse lado se manifestasse nas situações que lhe despertassem muita raiva. Néa personificava seu outro eu por meio de Neielle. Antônio descrevia seu outro eu como homossexual, agressivo e mordaz, temendo ser invadido por este por meio da loucura. Marta ansiava por voltar a ser o que imaginava ter sido aos 17 anos, dócil, bonita, inteligente, considerando-se invadida pela doença (outro eu); dizia-se dócil com a terapeuta e muito "brava" com os outros. Percebia que se tornava outra ao apaixonar-se e que no momento da separação entrava em surto.

De modo geral, a psicoterapia breve contribuiu para a melhora da eficácia adaptativa, possibilitando o início da nomeação dos sentimentos, um melhor controle sobre os impulsos e a possibilidade de um pensar, colocando o indivíduo como parte integrante e responsável por sua própria história, propiciando-lhe ver o que faz com sua vida. Em geral, essas descobertas contribuíram para uma melhoria na qualidade de vida.

Os aspectos estruturais que determinam os padrões de relacionamento com o uso de mecanismos defensivos primitivos parecem não sofrer alteração, permanecendo o equilíbrio frágil que pode romper-se em situações mais difíceis, quando em geral aparecem as ideias suicidas. O que se altera é a possibilidade de reconhecimento de alguns aspectos da estrutura de personalidade, com suas limitações e possibilidades, propiciando o perceber-se em situações em que o controle estava sendo perdido, buscando evitá-las ou, quando isso não fora possível, procurando administrar melhor os danos.

Em alguns pacientes, o desenvolvimento observado é o início da possibilidade de um pensar, de um ver-se diferente na situação, o que necessariamente não implica uma remissão de sintomas. A motivação para o autoconhecimento e a conscientização das dificuldades pode ser considerada outro fator fundamental para propiciar mudanças.

As intervenções psicoterápicas, o estabelecimento de situações-problema e o vínculo estabelecido com a terapeuta parecem surtir um efeito estruturante, levando a uma maior discriminação entre fantasia e realidade e a capacidade de *insight*, possibilitando algum nível de compreensão do significado do sintoma, a aquisição de novas habilidades, a regulação das emoções. Por sua vez, a medicação ajuda na estabilização do humor e na diminuição de alguns sintomas.

Cabe destacar a disponibilidade dos pacientes para comparecerem às entrevistas de reavaliação, mostrando-se colaboradores e gentis, reconhecendo a permanência dos ganhos advindos com a psicoterapia. Alguns expressaram vontade de continuar o processo com a terapeuta e não com outros terapeutas, talvez pelo fato de que na psicoterapia breve as dificuldades são trabalhadas de forma mais organizada, por meio de situações-problema.

A vinculação positiva com um terapeuta com possibilidade de compreensão dinâmica e a interpretação ativa das manifestações transferenciais negativas auxiliam na manutenção da experiência emocional e na vivência de permanência do vínculo, mesmo em um processo psicoterápico breve, possibilitando que nos casos menos graves os objetivos sejam atingidos. Nos casos mais graves, como no de Marta, a força dos impulsos destrutivos parecia fadar ao insucesso qualquer modalidade terapêutica.

Todos os pacientes, independentemente da mudança da classificação do nível adaptativo, apresentaram alterações variadas em seu repertório de recursos adaptativos, podendo perceber a iminência da crise e a necessidade de buscar ajuda terapêutica nesses momentos.

Considero viável e importante a psicoterapia breve dinâmica com pacientes *borderline* enquanto uma modalidade de atendimento intermitente que possibilite a permanência no tratamento, evitando mais uma vivência de fracasso.

A contribuição deste trabalho insere-se nos contextos de Diagnóstico e de Manejo Terapêutico com pacientes *borderline*, que com as variações nos padrões adaptativos e suas muitas peculiaridades permanecem sendo um desafio para os profissionais de saúde mental tanto pela dificuldade de compreensão de seus quadros quanto pelas intensas reações contratransferenciais que despertam.

A psicoterapia breve dinâmica com pacientes *borderline* mostra--se um instrumento eficaz, podendo promover variações adaptativas durante o processo psicoterápico, com propensão à manutenção destas após um período de seis meses.

Referências

ADLER, G. *Borderline Psychopathology and its Treatment*. New York: Jason Aronson, 1985.

______. Uses and limitations of Kohut's self psychology in the treatment of *borderline* patients. *Journal of the American Psychoanalytic Association*, v. 37, n. 3, p. 761-785, 1989.

______. The *borderline* concept: Reply. *Journal of the American Psychoanalytic Association*, v. 38, n. 4, p. 1119-1122, 1990.

______. The psychotherapy of core *borderline* psychopathology. Special Section: Psychotherapy with the *borderline* patient. *American Journal of Psychotherapy*, v. 47, n. 2, p. 194-205, 1993.

ADLER, G.; BUIE, D. Aloneness and *borderline* psychopathology: the possible relevance of child development issues. *International Journal of Psychoanalysis*, v. 60, p. 83-96, 1979.

AKISKAL, H. S. The temperamental borders of affective disorders. *Acta Psychiatrica Scandinavica*, v. 89, suppl. 379, p. 32-37, 1994.

ALEXANDER, F.; FRENCH, T. (1946) *Terapêutica Psicoanalítica*. Trad. Luis Fabricant. 2. ed. Buenos Aires: Paidós, 1965.

ALONSO, S. Day Hospital group treatment of primitive character pathology. *Group*, v. 18, n. 2, p. 100-111, 1994.

AMMON, G. Das *Borderline* Syndrom, eine humanstrukturelle Erkrankrung: Zur Weiterentwicklung der Ergebnisse des

DAP-*Borderline* Symposiums 1976. *Dynamische Psychiatrie*, v. 22, n. 114-115, p. 11-15, 1989.

ARKOWITZ, S. W. The shifting search for self: manifestations of *borderline* pathology. *Psychotherapy*, v. 28, n. 3, p. 402-410, 1991.

ARLOW, J. A. Methodologie und Rekonstruktion. *Psyche Zeitschrift fur Psychoanalyse und ihre Anwendungen*, v. 47, n. 12, p. 1093-1115, 1993.

ASSOCIAÇÃO AMERICANA DE PSIQUIATRIA. *Manual de diagnóstico e Estatístico de distúrbios mentais DSM-III-R*. São Paulo: Manole, 1987.

ASSOCIAÇÃO AMERICANA DE PSIQUIATRIA. *Manual de diagnóstico e estatístico de transtornos mentais DSM-IV*. Trad. Dayse Batista. 4. ed. Porto Alegre: Artes Médicas, 1995.

AZEVEDO, M. A. S. B. Psicoterapia Breve: considerações sobre suas características e potencialidade de aplicação na psicologia clínica comunitária brasileira. *Arquivos Brasileiros de Psicologia*, v. 35, n. 3, p. 92-104, 1983.

BALINT, M. (1967) Experiências técnicas de Sandor Ferenczi. In: WOLMAN, B. (Org.). *Técnicas Psicanalíticas 2*. Trad. Marina de Camargo Celidônio. Rio de Janeiro: Imago, 1976. cap. 1.

BATTEGAY, R.; HUBERMANN, I.; SCHLOSSER, C.; VISOIU, C. Trends in group psychotherapy with *borderline* patients. Special Section: Group psychotherapy with *borderline* personalities. *Group Analysis*, v. 25, n. 1, p. 61-73, 1992.

BECK, P. The *borderline* syndromes of depression, mania and schizophrenia: the coaxial or temperamental approach. *Acta Psychiatrica Scandinavica*, v. 89, n. 379, p. 45-49, 1994.

BELLAK, L.; SMALL, L. *Psicoterapia de Emergência & Psicoterapia Breve*. Trad. Jurema Alcides Cunha. Porto Alegre: Artes Médicas, 1980.

BEZIRGANIAN, S.: COHEN, P.; BROOK, J. S. The impact of mother-child interaction on the development of *borderline* personality disorder. *American Journal of Psychiatry*, v. 150, n. 12, p. 1836-1842, 1993.

BION, W. R. Attacks on linking. *International Journal of Psychoanalysis*, v. 40, p. 308-315, 1959.

______. *Learning from Experience*. London: W. Heinemann Medical Books, 1962.

______. *Second Thoughts – Select papers on Psycho-Analysis*. London: W. Heinemann Medical Books, 1967.

BOYER, B.; GIOVACCHINI, P. *Psychoanalytic Treatment of Characterological and Schizophrenic Disorders*. New York: Science House, 1967.

BRANDCHAFT, B.; STOLOROW, R. D. The *borderline* concept: an intersubjective view. In: The *borderline* patient: emerging concepts in diagnoses, psychodynamics and treatment. Hillsdale, New Jersey, *The Analytic Press*, v. 2, p. 103-26, 1987.

BROCKMAN, R. Medication and transference in psychoanalytically oriented psychotherapy of the *borderline* patient. *Psychiatric Clinics of North America*, v. 13, n. 2, p. 287-295, 1990.

CABAU, E. Lo individual, lo grupal y lo institucional en el abordaje integral de una paciente *borderline*. *Clinica y Analisis Grupal*, v. 1, n. 2, p. 289-304, 1989.

CAPARROS, N. Las personalidades limite o *borderline*. *Clínica y Analisis Grupal*, v. 17, n. 1, p. 39-62, 1995.

CAPLAN, G. *Princípios de Psiquiatria Preventiva*. Buenos Aires: Paidós, 1966.

CARAN. N.; KALICANIN, P. Stanje granicne depresije-psihostrukturna i fenomenoloska razmatranja. *Psihijatrija Danas*, v. 21, n. 1, p. 43-49, 1989.

CARETTI, V. Dinamiche transferali e controtransferali nel trattamento della patologia *borderline*. *Giornale Storico di Psicologia Dinamica*, v. 13, n. 26, p. 117-126, 1989.

CHESSICK, R. D. The outpatient psychotherapy of the *borderline* patients. Special Section: Psychotherapy with the *borderline* patient. *American Journal of Psychotherapy*, v. 47, n. 2, p. 206-27, 1993.

CLARKIN, J. F.; MARZIALI, E.; MUNROE-BLUM, H. Group and family treatments for *borderline* personality disorder. Special Section: *Borderline* personality disorder. *Hospital and Community Psychiatry*, v. 42, n. 10, p. 1038-1043, 1991.

COELHO FILHO, J. G. *Processo e aliança terapêutica de pacientes borderline em psicoterapia breve psicodinâmica*. Dissertação (Mestrado). Campinas: PUCCAMP, 1995. 132 p..

COOKSON, A. Limited space or space within limits. *Psychoanalytic-Psychotherapy*, v. 6, n. 2, p. 137-49, 1992.

COOPER, A. M. Paranoia: A part of most analyses. *Journal of the American Psychoanalytic Association*, v. 41, n. 2, p. 423-442, 1993.

COOPER, S. H.; ADLER, G. Toward a clarification of the transitional object and selfobject concepts in the treatment of the *borderline* patient. *Annual of Psychoanalysis*, v. 18, p. 133-152, 1990.

CORNFIELD, R. B.; SHARE, I. A. Countertransference in the treatment of the *borderline* personality. *Psychiatric Clinics of North America*, v. 17, n. 4, p. 851-861, 1994.

COSTA-ROSA, A. Escala Diagnóstica Adaptativa Operacionalizada (EDAO): uma proposta de quantificação. *Mudanças*, São Paulo, v. 7, p. 11-30, 1997.

CUEVAS, P. A. Algunos cambios observados en un caso clínico. 37th Congress of the International Psychoanalytic Association. *Revista de Psicoanalisis*, v. 48, n. 2, p. 257-65, 1991.

DAVANLOO, H. *Basic principles and techniques in short-term dynamic psychotherapy*. New York: Spectrum, 1977.

DE CHENNE,T.K. Diagnosis as therapy for the *borderline* personality. *Psychotherapy*, v. 28, n. 2, p. 284-91, 1991.

DEL BEN, C. M. *Estudo da confiabilidade do diagnóstico psiquiátrico obtido através da Entrevista Clínica Estruturada para o DSM-III--R (SCID) em um serviço ambulatorial de um Hospital Escola.* Dissertação (Mestrado – Programa de Pós-Graduação em Saúde Mental). Faculdade de Medicina de Ribeirão Preto, Universidade de São Paulo, 1995.

DOANE, J. A.; BECKER, D. F. Changes in family emotional climate and course of psychiatric illness in hospitalized young adults and adolescentes. *New Trends in Experimental and Clinical Psychiatry*, v. 9, n. 3, p. 63-77, 1993.

DORFMAN-LERNER, B.; GRECO, N. J.; LOPEZ-MORENO, C. M.; PELEGRIN, C. et al. Estratégias tecnicas para el tratamiento de pacientes *borderline*. *Revista de Psicoanalisis*, v. 49, n. 3-4, p. 597-612, 1992.

DUPARC, F. Analyse avec border et analyse sans bord. *Revue Francaise de Psychanalyse*, v. 56, n. 3, p. 717-31, 1992a.

______. Nouveaux developpements sur l'hallucination negative et la representation. *Revue Francaise de Psychanalyse*, v. 56, n. 1, p.101-121, 1992b.

EDWARDS, A. *Borderline* states: disorders of the self. *Journal of the Analytical Psychology*, v. 38, n. 1, p. 87-100, 1993.

EIGUER, A. Le sujet mondain. *Revue Francaise de Psychanalyse*, v. 55, n. 6, p. 1713-9, 1991.

ENDICOTT, J.; SPITZER, R. L.; FLEISS, J. L.; COHEN, J. The Global Assessment Scale: a procedure for measuring overall severity of psychiatric disturbance. *Archives of General Psychiatry*, v. 33, p. 766-771, 1976.

FAIRBAIRN, W. *An Object-Relations Theory of the Personality*. New York: Basic Books, 1954.

FASOLO, F.; PONZA, I. Cicatrici narcisistiche. *Psichiatria Generale e dell'Eta Evolutiva*, v. 27, n. 4, p. 661-666, 1989.

FEDER, F. Le tournant: de l'interpretation au passage initiatique. *Revue Francaise de Psychanalyse*, v. 55, n. 6, p. 1779-1783, 1991.

FEINSILVER, D. B. Therapeutic action and the story of the middle. *Contemporary Psychoanalysis*, v. 26, n. 1, p. 137-159, 1990.

FINE, M. A.; SANSONE, R. A. Dilemmas in the management of suicidal behavior individuals with *borderline* personality disorder. *American Journal of Psychotherapy*, v. 44, n. 2, p. 160-71, 1990.

FINN, B.; SHAKIR, S. A. Intensive group psychotherapy of *borderline* patients. *Group*, v. 14, n. 2, p. 99-110, 1990.

FIORINI, H. J. *Teoria e Técnica de Psicoterapias*. Trad. Carlos Sussekind. 2. ed. Rio de Janeiro: Francisco Alves, 1978.

FONAGY, P. Thinking about thinking: some clinical and theoretical considerations in the treatment of a *borderline* patient. *International Journal of Psycho-Analysis*, v. 72, n. 4, p. 639-656, 1991.

FREUD, S. (1895) Estudos sobre a Histeria. In: ______. *Edição standard brasileira das obras psicológicas completas de Sigmund Freud*. v. 2. Trad. sob a direção geral de Jayme Salomão. Rio de Janeiro: Imago, 1976.

______. (1905) Fragmento da análise de um caso de histeria. In: ______. *Edição standard brasileira das obras psicológicas completas de Sigmund Freud*. v. 7. Trad. Sob a direção geral de Jayme Salomão. Rio de Janeiro: Imago, 1976. p. 16-115.

______. (1919) Linhas de Progresso na Terapia Psicanalítica. In: ______. *Edição standard brasileira das obras psicológicas completas de Sigmund Freud*. v. 17. Trad. Sob a direção geral de Jayme Salomão. Rio de Janeiro: Imago, 1976. p. 201-11.

______. (1937) Análise Terminável e Interminável. In: *Edição standard brasileira das obras psicológicas completas de Sigmund Freud*. v. 23. Trad. sob a direção geral de Jayme Salomão. Rio de Janeiro: Imago, 1976. p. 241-87.

FROSCH, J. A Note on Reality Constancy in Psychoanalysis. In: LOEWENSTEIN, NEWMAN, SCHUR; SOLNIT. *A General Psychology*. New York: International Universities Press, 1966.

FYER, M. R.; FRANCES, A. J.; SULLIVAN, T. et al. Comorbidity of *borderline* personality disorder. *Archives of General Psychiatry*, v. 45, p. 348-352, 1988.

GABBARD, G. O. Technical approaches to transference hate in the analysis of *borderline* patients. *International Journal of Psycho-Analysis*, v. 72, n. 4, p. 625-637, 1991.

______. *Psiquiatria Psicodinâmica na Prática Clínica*. Trad. Alceu E. Fillman. Porto Alegre: Artes Médicas, 1992.

______. Treatment of borderline patients in a multiple-treater setting. *Psychiatric Clinics of North America*, v. 17, n. 4, p. 839-850, 1994.

______. Finding the "Person" in Personality Disorders. *The American Journal of Psychiatry*, v. 154, n. 7, p. 891-893, 1997.

GAGNON, P. Le role de la famille dans le developpement du trouble de la personnalite limite. *Canadian Journal of Psychiatry*, v. 38, n. 9, p. 611-616, 1993.

GASPERINI, M.; BATTAGLIA, M.; SCHERILLO, P.; SCIUTO, G. et al. Morbidity risk for mood disorders in the families of *borderline* patients. *Journal of Affective Disorders*, v. 21, n. 4, p. 265-272, 1991.

GELLER, J. L. Treating revolving-door patients who have 'hospitalphilia': compassion, coercion, and common sense. *Hospital and Community Psychiatry*, v. 44, n. 2, p. 141-146, 1993.

GILLIÉRON, É. (1983) *As Psicoterapias Breves*. Trad. Vera Ribeiro. Rio de Janeiro: Jorge Zahar, 1986.

GIOVACCHINI,P. L. *Psychoanalysis of Character Disorders*. New York: Jason Aronson, 1975.

GIOVACCHINI, P. L. Treatment issues with *borderline* patients and the psychosomatic focus. Special Section: Psychotherapy with the *borderline* patient. *American Journal of Psychotherapy*, v. 47, n. 2, p. 228-244, 1993.

GLICK, I. D.; DULIT, R. A.; WACHTER, E.; CLARKIN, J. F. The family, family therapy, and *borderline* personality disorder. *Journal of Psychotherapy Practice and Research*, v. 4, n. 3, p. 237-246, 1995.

GOLDMAN, S. J.; D'ANGELO, E. J.; DeMASO, D. R. Psychopathology in the families of children and adolescents with *borderline* personality disorder. *American Journal of Psychiatry*, v. 150, n. 12, p. 1832-1835, 1993.

GOLOMB, A.; LUDOLPH, P.; WESTEN, D.; BLOCK, M. J. et al. Maternal empathy, family chaos, and the etiology of *borderline* personality disorder. *Journal of the American Psychoanalytic Association*, v. 42, n. 2, p. 525-548, 1994.

GOMBEROFF, J. M.; NOEMI, C. C.; PUALUAN-DE-GOMBEROFF, L. El objeto autista. Su relacion con narcisismo en la transferencia y la countertransferencia de pacientes neuroticos y limitrofes. *Revista de Psicoanalisis*, v. 46, n. 5, p. 733-748, 1989.

GOTZE, P.; ECKERT, J.; MOHR, M. Problems in the thrapeutic treatment with suicide tendency in *borderline* personality desorders. *Psychiatria Danubina*, v. 5, n. 1-2, p. 137-141, 1993.

GREEN, A. (1972) *Sobre a loucura pessoal*. Trad. Carlos Alberto Pavanelli. Rio de Janeiro: Imago, 1988.

GREENE, L. R. Relationships among semantic differential change measures of splitting, self-fragmentation and object relations in *borderline* psychopathology. *Veterans Administration Medical Psychology*, v. 63, n. 1, p. 21-32, 1990.

GRUEN , R. J.; BLATT, S. J. Change in self and object representation during long-term dynamically oriented treatment. *Psychoanalytic Psychology*, v. 7, n. 3, p. 399-422, 1990.

GUNDERSON, J. G. Characteristics of *borderlines*. In: *Borderline Personality Disorders*. Ed. P. Hartocollis. New York: International Universities Press, 1977. p.173-192.

______. Empirical studies of the *borderline* diagnosis. In: *Psychiatry 1982*: The American Psychiatric Association Annual Review. Washington D.C.: American Psychiatric Press, 1982, p. 415-436.

______.; ELLIOTT,G.R. The interface between *borderline* personality and affective disorders.*American Journal of Psychiatry*, v. 142, p. 277-288, 1985.

______.; PHILLIPS, K. A. A current view of the interface between *borderline* personality and depression. *American Journal of Psychiatry*, v. 148, p. 967-975, 1991.

______.; SABO, A. N. The phenomenological and conceptual interface between *borderline* personality and PTSD. *American Journal of Psychiatry*, v. 150, p. 19-27, 1993.

______. Building structure for the *borderline* construct. *Acta Psychiatrica Scandinavica*, v. 89, suppl. 379, p. 12-18, 1994.

HAAG, G. Entre les angoisses et depressions 'pre-depressives'et le niveau oedipien genital: un moment technique. *Revue Francaise de Psychanalyse*, v. 53, n. 3, p. 965-981, 1989.

HARTMAN, D.; BOERGER, M. J. Families of *borderline* clients: opening the door to therapeutic interaction. *Perspectives in Psychiatric Care*, v. 25, n. 3-4, p. 15-17, 1989.

HARWOOD, I. H. Advances in group psychotherapy and self psychology: An intersubjective approach. Patients with Narcissistic and Personality Disorders in Group Psychotherapy Conference (1989, Basel, Switzerland). *Group*, v. 16, n. 4, p. 220-232, 1992.

HIGGITT, A.; FONAGY, P. Psychotherapy in *borderline* and narcissistic personality disorder. *British Journal of Psychiatry*, v. 161, p. 23-43, 1992.

HOPKINS, S. Countertransference and containment in a patient with a psychotic mother. *Psychoanalytic Psychotherapy*, v. 6, n. 2, p. 89-106, 1992.

HUCK, W. The integration of patients with a drug-induced psychosis into a clientele of polytoxicomanic patients. *European Journal of Child and Adolescent Psychiatry Acta Paedopsychiatrica*, v. 53, n. 3, p. 204-212, 1990.

HURT, S. W.; CLARKIN, J. F. *Borderline* personality disorder: prototypic typology and the development of treatment manuals. *Psychiatric Annals*, v. 20, n. 1, p. 13-18, 1990.

JONHSON, H. C. *Bordeline* clients: practice implications of recent researchs. *Social Work*, v. 36, n. 2, p. 166-173, 1991.

JOSEPH,B. (1975) O paciente de difícil acesso. In: FELDMAN, M.; SPILLIUS, E. B. (Orgs.). *Equilíbrio Psíquico e Mudança Psíquica:* artigos selecionados de Betty Joseph. Trad. Belinda H. Mandelbaun. Rio de Janeiro: Imago, 1992. p. 85-96.

KAHTUNI, H. C. *Psicoterapia Breve Psicanalítica:* compreensão e cuidados da alma humana. São Paulo: Escuta, 1996.

KANTOR, S. J. Depression: when is psychotherapy not enough? *Psychiatric Clinics of North America*, v. 13, n. 2, p. 241-254, 1990.

KAVALER-ADLER, S. Object relations issues in the treatment of the preoedipal character. *American Journal of Psychoanalysis*, v. 53, n. 1, p. 19-34, 1993.

KELLY, T.; SOLOFF, P. H.; CORNELIUS, J; GEORGE, A. et al. Can we study (treat) *borderline* patients? Attrition from research and open treatment. *Journal of Personality Disorders*, v. 6, n. 4, p. 417-433, 1992.

KENNEDY, L. L. Treatment of the *borderline* patient in partial hospitalization. Special Issue: Partial hospitalization. *Psychiatric Hospital*, v. 22, n. 2, p. 59-67, 1991.

KERNBERG, O. F. Structural derivatives of object relationships. *International Journal of Psychoanalysis*, v. 47, p. 136-253, 1966.

______. *Borderline* Personality Organization. *Journal of American Psychoanalytic Association*, v. 15, p. 641-85, 1967.

______. The treatment of patients with *borderline* personality organization. *International Journal of Psychoanalysis*, v. 49, p. 600-619, 1968.

______. A contribution to the ego-psychological critique of the Kleinian School. *International Journal of Psychoanalysis*, v. 50, p. 317-333, 1969.

______. *Borderline conditions and pathological narcissism*. New York: Jason Aronson, 1975.

______. *Object Relations Theory and Clinical Psychoanalysis*. New York: Jason Aronson, 1976.

______. *International world and external reality*. New York: Jason Aronson, 1980.

______. (1984) *Transtornos graves de personalidade*: estratégias terapêuticas. Trad. Rita C. S. Lopes. Porto Alegre: Artes Médicas, 1995.

______. Transferencias psicopatica, paranoide y depresiva. *Revista de Psicoanalisis*, v. 48, n. 5-6, p. 901-925, 1991.

______. Psychopathic, paranoid and depressive transferences. 37th International Psychoanalytical Congress. *International Journal of Psycho-analysis*, v. 73, n. 1, p. 13-28, 1992.

______. Suicidal behavior in *borderline* patients: Diagnosis and psychotherapeutic considerations. American Psychiatric Association Annual Meeting. Symposiun on suicide and the *borderline* patient (1991, New Orleans, Louisiana). *American Journal of Psychotherapy*, v. 47, n. 2, p. 245-254, 1993.

______. *Psicopatologia das relações amorosas*. Trad. Maria Adriana V. Veronese. Porto Alegre: Artes Médicas, 1995.

______.; CLARKIN, J. F. Treatment of personality disorders. *International Journal of Mental Healt*, v. 21, n. 2, p. 53-76, 1992.

______.; SELZER, M. A.; KOENISBERG, H. W.; CARR, A. C.; APPELBAUM, A. (1989) *Psicoterapia Psicodinâmica de Pacientes Borderline*. Trad. Rita. C. S. Lopes. Porto Alegre: Artes Médicas, 1991.

KHAN, M. S. Ego Distortion and cumulative trauma and the role of reconstruction. *International Journal of Psychoanalysis*, v. 45, p. 272-279, 1964.

KLEIN, M. (1952) Notas sobre alguns mecanismos esquizóides. In: KLEIN, M; HEIMANN, P; ISAACS, S.; RIVIERE, J. *Os Progressos da Psicanálise*. Trad. Alvaro Cabral. 2. ed. Rio de Janeiro: Zahar Editores, 1982.

KNOBEL, M. *Psicoterapia Breve*. São Paulo: EPU, 1986.

KOENIGSBERG, H. W. The combination of psychotherapy and pharmacotherapy in the treatment of *borderline* patients. *Journal of Psychotherapy Practice and Research*, v. 3, n. 2, p. 93-107, 1994.

KOHUT, H. *The Analysis of the Self*: A systematic approach to the Psychoanalytic Treatment of Narcissistic Personality Disorders. New York: International Press, 1971.

______. *The Restoration of the Self*. New York: International Universities Press, 1977.

KONTAXAKIS, V. P.; CHRISTODOULOU, G. N.; MARKIANOS, M.; STEFANIS, C. Pharmacotherapeutic response of DST-positive *borderline* patients. *European Psychiatry*, v. 10, n. 3, p. 159-160, 1995.

LAMERS, P. Some thoughts about transitional space in the therapy with *borderline* patients. *International Journal of Therapeutic Communities*, v. 10, n. 1, p. 17-27, 1989.

LANSKY, M. R. The subacute hospital treatment of the *borderline* patient: III. Management of suicidal crisis by family intervention. *Hillside Journal of Clinical Psychiatry*, v. 11, n. 1, p. 81-97, 1989.

LEIBENLUFT, E.; GARDNER, D. L.; COWDRY, R. W. Special Feature: The inner Experience of the *borderline* self-mutilator. *Journal of Personality Disorders*, v. 1, n. 4, p. 317-324, 1987.

LELAND, H. (1991a) *Other common disorders*. Online. Disponível em: <http://www.navicon.com/~patty/31.htm>.Acesso em: 10 nov. 1998.

______. (1991b) *The borderline personality disorder new management concepts*. Online. Disponível em: <http:// www.navicon.com/~patty/abstract.htm>. Acesso em: 10 nov. 1998.

LEMGRUBER, V. B. *Psicoterapia Breve*: a técnica focal. Porto Alegre: Artes Médicas, 1984.

LEVITT, J. G. An examination of some common denominators in the *borderline* syndrome. *Journal of Contemporary Psychotherapy*, v. 22, n. 3, p. 195-205, 1992.

LIEBOWITZ, M. R. A medication approach. *Journal of Personality Disorders*, v. 1, n. 4, p. 325-327, 1987.

LINEHAN,M. M. *Dialectical behavior therapy for treatment of parasuicidal women*: Treatment manual. Seattle: University Washington, 1983.

______. Dialectial Behavior Therapy: a cognitive behavioral approach to parasuicide. *Journal of Personality Disorders*, v. 1, n. 4, p. 328-333, 1987.

LINEHAN, M. M.; TUTEK, D. A.; HEARD, H. L.; ARMSTRONG, H. E. Interpersonal outcome of cognitive behavioral treatment for chronically suicidal *borderline* patients. *American Journal of Psychology*, v. 151, n. 12, p. 1771-1776, 1994.

LINEHAN, M. M.; ARMSTRONG, H. E.; SUAREZ ,A.; ALLMON, D.; HEARD, H. L. Cognitive-Behavioral treatment of chronically parasuicidal *borderline* patients. *Archives of General Psychiatry*, v. 48, n. 12, p. 1060-1064, 1991.

LINKS, P. S. Psychiatric rehabilitation model for *borderline* personality disorder. *Canadian Journal of Psychiatric*, v. 38, n. 1, p. 35-38, 1993.

LITTLE, M. Transference in *Borderline* States. *International Journal of Psychoanalysis*, v. 47, p. 476-485, 1966.

LONIE, I. *Borderline* Disorder and post-traumatic stress disorder: an equivalence? *Australian & New Zealand Journal of Psychiatry*, v. 27, n. 2, p. 233-245, 1993.

LONG, W. P. (1987) *Personality and Personality Disorders*. Online. Disponívelem: <http://www.mentalhealth.com/mag1/p5h-per1html>. Acesso em: 10 nov. 1998.

LOPEZ-CORVO, R. E. Mecanismos de 'autoinveja' em estruturas narcisistas. *Revista Brasileira de Psicanálise*, v. 27, n. 3, p. 489-504, 1993.

LUBORSKY, L.; MARK, D. Short-term supportive-expressive psychoanlaytic psychotharapy. In: CRITS-CHRISTOPH, P.; BARBER, J. P. *Handbook of short-term Dynamic Psychotherapy*. New York: Basic Books, 1991. p. 110-136.

LUDOLPH, P. S.; WESTEN, D.; MISLE, B.; JACKSON, A. et al. The *borderline* diagnosis in adolescents: symptoms and developmental history. *American Journal of Psychiatry*, v. 147, n. 4, p. 470-476, 1990.

MAHLER, M. S. Autism and symbiosis. Two extreme disturbances of identify. *International Journal of Psycho-Analysis*, v.3 9, p. 77-83, 1958.

______. A study of the separation-individuation process and its possible application to *borderline* phenomena in the psychoanalytic situation. *Psychoanalytic Study of the Child*, v. 26, p. 403-424, 1971.

______.; PINE, F.; BERGMAN, A. *The psychological birth of the human infant*. New York: Basic Books, 1975.

MALAN, D. H. *A study of brief psychotherapy*. London: Tavistock Publications, 1963.

______. (1976) *As fronteiras da psicoterapia breve*. Trad. Lais Knijnik e Maria Elisa Z. Schestatsky. Porto Alegre: Artes Médicas, 1981.

MANGINI, E.; PAVAN, L. Una metodologia di psicoterapia breve psicoanalítica basata sulla separazione. *Rivista di Psichiatria*, v. 27, n. 4, p. 147-154, 1992.

MANN, J. *Time-limited psychotherapy*. Cambridge, Massachusetts: Harvard University Press, 1973.

MARQUES, J. M. A. Entrevistas estruturadas e diagnóstico de Transtorno de Personalidade *Borderline*. In: 2° CICLO DE ESTUDOS EM SAÚDE MENTAL. *Resumos*, Ribeirão Preto, 1994. p. 39.

MARSILI, V. Il disturbo del simbolico nell'angoscia degli stati al limite. *Giornale Storico di Psicologia Dinamica*, v. 16, n. 31, p. 119-138, 1992.

MARZIALI, E.; MUNROE-BLUM, H. A Group Approach: the management of projective identification in Group Treatment of Self-Destructive *Borderline* Patients. *Journal of Personality Disorders*, v. 1, n. 4, p. 340-343, 1987.

MARZIALI, E.; MUNROE-BLUM, H. Na interpersonal approach to group psychotherapy with *borderline* personality disorder. *Journal Personality Disorders*, v. 9, n. 3, p. 179-189, 1995.

MASSON, J. M. *Correspondência completa de Sigmund Freud para Wilhelm Fliess 1877-1904*. Trad. Vera Ribeiro. Rio de Janeiro: Imago, 1986.

MASTERSON, J. F. *Treatment of the Borderline Adolescent:* A Delevelopmental Approach. New York: Wiley-Interscience, 1972.

______. The *borderline* adult: transference acting out and working-through. In: *New Perspectives on Psychotherapy of the Borderline Adult*. New York: Brunner/Mazel, 1978. p.121-147.

______. *From Borderline Adolescent to Functioning Adult*. New York: Brunner/Mazel, 1980.

______.; RINSLEY, D. The *borderline* syndrome. The role of the mother in the genesis and psychic structure of the *borderline* personality. *Internacional Journal Psychoanal*, v. 56, p. 163-177, 1975.

McCARTHY, R. H. Hospitalphilia. *Hospital and Community Psychiatry*, v. 44, n. 7, p. 690-691, 1993.

MEHLUM, L.; FRIIS, S; IRION, T; JOHNS, S. et al. Personality disorders 2-5 years after treatment: A prospective follow-up study. *Acta Psychiatrica Scandinavica*, v. 84, n. 1, p. 72-77, 1991.

MEHLUM, L.; FRIIS, S.; VAGLUM, P.; KARTERUD, S. The longitudinal pattern of suicidal behaviour in *borderline* personality disorder: a prospective follow-up study. *Acta Psychiatrica Scandinavica*, v. 90, n. 2, p. 124-130; 1994.

MEISSNER, W. W. Treatment of patients in the *borderline* spectrum: An overview: Special Section: Psychotherapy with the *borderline* patients. *American Journal of Psychotherapy*, v. 47, n. 2, p. 184-193, 1993.

MELGARD, T; MONSEN, J.; ODEGARD, P. Psychososiale forandringer etter inngaende psykoterapi. Resultater fra Toyen-prosjektet. *Tidsskrift for Norsk Psykologforening*, v. 28, n. 5, p. 379-386, 1991.

MELLINGER, D. I. Anxiety disorder treatment with *borderline* personality disorder patients. *Phobia Practice and Research Journal*, v. 1, n. 2, p. 129-140, 1988.

MILLER, F. T.; ABRAMS, T.; DULIT, R.; FYER, M. Psychotic symptons in patients with *borderline* personality disorder and concurrent AXIS I Disorder. *Hospital & Community Psychiatry*, v. 44, n. 1, p. 59-61, 1993.

MILLER, L. J. The formal treatment contract in the inpatient management of *borderline* personality disorder. *Hospital and Community Psychiatry*, v. 41, n. 9, p. 985-987, 1990.

MISHAN, J.; BATEMAN, A. Group-analytic therapy of *borderline* patients in a day hospital setting. Special Section: Group analysis and the psychoses. *Group Analysis*, v. 27, n. 4, p. 483-495, 1994.

MITRANI, J. L. On the survival function of autistic manoeuvres in adult patients. *International Journal of Psycho-Analysis*, v. 73, n. 3, p.549-559, 1992.

MITZMAN, S.; DUIGNAN, I. One man's group: brief cognitive-analytic group therapy and the use of sequential diagrammatic reformulation. *Counselling Psychology Quarterly*, v. 6, n. 3, p. 183-192, 1993.

MIZEN, C. S. Combined therapy with *borderline* and narcissistic inpatients at the Cassel Hospital. *Psychoanalytic Psychotherapy*, v. 8, n. 1, p. 17-35, 1994.

MODELL, A. Primitive object relationships and the predisposition to schizophrenia. *International Journal of Psychoanalysis*, v. 44, p. 282-291, 1963.

MONSEN, J.; ODEGARD, P.; MELGARD, T. Major psychological disorders and changes after intensive psychotherapy: Findings from the Toyen project, Oslo. Third European Conference on Psychotherapy Research. *Psychoanalysis and Psychotherapy*, v. 7, n. 2, p. 171-180, 1989.

MUNROE-BLUM, H.; MARZIALI, E. Time-limited, group psychotherapy for *borderline* patients. *Canadian Journal of Psychiatry*, v. 33, n. 5, p. 364-369, 1988.

MUNROE-BLUM, H.; MARZIALI, E. A controlled trial of short--term group treatment for *borderline* personality disorder. *Journal of Personality Disorders*, v. 9, n. 3, p. 190-198, 1995.

NAJAVITS, L. M.; GUNDERSON, J. G. Better than expected: improvements in *borderline* personality disorder in a 3-year prospective outcome study. *Comprehensive Psychiatry*, v. 36, n. 4, p. 296-302, 1995.

NEHLS, N. *Borderline* personality disorder and group therapy: 41st Institute of Hospital and Community Psychiatry (1989, Philadelphia, Pennsylvania). *Archive of Psychiatric Nursing*, v. 5, n. 3, p. 137-146, 1991.

______. Group therapy for people with *borderline* personality disorder: Interventions associated with positive outcomes. *Issues in Mental Health Nursing*, v. 13, n. 3, p. 255-269, 1992.

NURNBERG, H. G.; HURT, S. W.; FELDMAN, A.; SUH, R. Efficient diagnosis of *Borderline* Personality Disorder. *Journal of Personality Disorder*, v. 1, n. 4, p. 307-315, 1987.

NURNBERG, H. G.; RASKIN, M.; LEVINE, P. E.; POLLACK, S.; SIEGEL, O.; PRINCE, R. The comorbidity of *borderline* personality disorder and other DSM-III-R AXIS II personality disorders. *American Journal of Psychiatry*, v. 148, n. 10, p. 1371-1377, 1991.

ORGANIZAÇÃO MUNDIAL DA SAÚDE. *CID-9*: Classificação internacional das doenças. Revisão 1975, Ministério da Saúde/Universidade de São Paulo, v. 1, 1978.

______. *Classificação dos transtornos mentais e de comportamento da CID-10*: descrições clínicas e diretrizes diagnósticas. Trad. Centro Colaborador da OMS para a Classificação de Doenças em Português. Porto Alegre: Artes Médicas, 1993.

O'SHAUGHNESSY, E. A clinical study of a defensive organization. *International Journal of Psycho-Analysis*, v. 62, p. 359-396, 1981.

OUALID, J. C.; KINDINIS, S. Le corps familial et la tentative de suicide. *Psychologie Medicale*, v. 21, n. 4, p. 499-501, 1989.

PARIS, J. (1992) *Borderline Personality Disorder*: what is it, what causes it? How can we treat it? Online. Disponível em: <http://www.mhsource.com/hy/j81.html>. Acesso em: 10 nov. 1998.

______. The treatment of *borderline* personality disorder in light of the research on its long term outcome. *Canadian Journal of Psychiatry*, v. 38, suppl. 1, p. 28-34, 1993.

PARNES, J. The concept of *borderline* conditions: a critical comment on validity issues. *Acta Psychiatrica Scandinavica*, v. 89, suppl. 379, p. 26-31, 1994.

PAZ, C. A. Evolución Histórica de la Noción de Caso Fronterizo. In: PAZ, C. A.; PELENTO, M. L.; PAZ, T. O. *Estructuras y Estados Fronterizos en Niños, Adolescentes y Adultos*. Buenos Aires: Nueva Visión, 1976. p. 15-108.

PEREG, S. Les etat limites: II. Notes sur le contre-transfert dans la psychotherapie psychanalytique avec les etat limites. *Revue Quebecoise de Psychologie*, v. 10, n. 1, p. 67-74, 1989.

PERRIS, C. Cognitive therapy in the treatment of patients with *borderline* personality disorders. *Acta Psychiatrica Scandinavica*, v. 89, suppl. 379, p. 69-72, 1994.

PERRY, J. C.; HERMAN, J. L.; VAN-DER-KOLK, B. A.; HOKE, L. A. Psychotherapy and psychological trauma in *borderline* personality disorder. *Psychiatric Annals*, v. 20, n. 1, p. 33-43, 1990.

PERRY, S. Treatment time and the *borderline* patient: an underappreciated strategy. *Journal of Personality Disorders*, v. 3, n. 3, p. 230-239, 1989.

PLAKUN, E. M. Prediction of outcome in *borderline* personality disorder. *Journal of Personality Disorders*, v. 5, n. 2, p. 93-101, 1991.

______. Principles in the psychotherapy of self-destrutive *borderline* patients. *Journal of Psychotherapy Practice and Research*, v. 3, n. 2, p. 138-148, 1994.

POGGI, R. G. Short-term hospitalization: an aspect of the psychoanalytic treatment of character disturbance. *Bulletin of the Menninger Clinic*, v. 56, n. 1, p. 95-112, 1992.

PONTALTI, C.; ANNUNZIATA, M.; CATUGNO, A.; CARCIONE, A. et al. Analisi comparativa di trattamenti familiari. Il clima emotivo familiare nell'arco del processo terapeutico. *Terapia Familiare*, v. 42, p. 25-38, 1993.

RABINOWITZ, J.; LUKOFF, I. Clinical decision making of short versus long-term treatment. *Research on Social Work Practice*, v. 5, n. 1, p. 62-79, 1995.

RAUCHFLEISCH, U. The importance of different reference groups in the therapy of *borderline* patients. Special Section. Group psychotherapy with *borderline* personalities. *Group Analysis*, v. 25, n. 1, p. 33-41, 1992.

REVERE, C. J. Estructura, etiologia y tratamiento de la personalidad *borderline*. *Revista de Psicoanalisis*, v. 46, n. 4, p. 586-608, 1989.

REY, J. Schizoid phenomena in the *borderline*. In: *Advances in Psychotherapy of the Borderline Patient*. New York: Jason Aronson, 1979. p. 449-484.

RICHARDS, J. Cohabitation and the Negative Therapeutic Reaction. *Psychoanalytic Psychotherapy*, v. 7, n. 3, p. 223-239, 1993.

RINSLEY, D. *Treatment of the Severely Disturbed Adolescent*. New York: Jason Aronson, 1980.

ROGERS, J. H.; WIDIGER, T. A.; KRUPP, A. Aspects of depression associated with *Borderline* personality disorder. *American Journal of Psychiatry*, v. 152, n. 2, p. 268-270, 1995.

ROMARO, R. A. Revisão do conceito de '*Borderline*'. *Arquivos Brasileiros de Psicologia*, v. 43, n. 1-2, p. 21-40, 1991.

______. *Quadros Borderline – comparação diagnóstica em dois momentos de avaliação através de entrevistas clínicas e da técnica de Rorschach*. 1993. Dissertação (Mestrado – Programa de Pós-Graduação em Saúde Mental). Faculdade de Medicina de Ribeirão Preto, Universidade de São Paulo, 1993. 83 p.

______. *Variações da eficácia adaptativa de pacientes borderline em psicoterapia breve dinâmica*. São Paulo, 1999. Tese (Doutorado). Instituto de Psicologia da Universidade de São Paulo. Psicologia Clínica. 243 p.

ROMARO. R. A.; LOUREIRO, S. R. Distúrbio de Personalidade *Borderline* – comparação em dois momentos de avaliação, através de entrevista clínica. *Medicina*. Ribeirão Preto, v. 26, n. 2, p. 294-306, 1993.

ROSENBLUTH, M. New uses of countertransference for the inpatient treatment of *borderline* personality disorder. *Canadian Journal of Psychiatry*, v. 36, n. 4, p. 280-284, 1991.

ROSENFELD, H. A. (1964) Notes on the Psychopatology of Narcissism: A clinical approach. In: *Psychotic States*. New York: International Universities Press, 1966.

______. Contribuition to the psychopathology of psychotic states: the importance of projective identification in the ego structure and the object relation of the psychotic patient. In: *Problematic de la psychose*. Amsterdan: Excerpta Medica Foundation, 1969.

______. Notes on the psychopatology and psychoanalytic treatment of some *borderline* patients. *International Journal of Psychoanalysis*, v. 59, p. 215-221, 1978.

______. Difficulties in the psychoanalytic treatment of *borderline* patient. In *Advances in Psychotherapy of the Borderline Patient*. New York: Jason Aronson, 1979. p. 187-206.

______. *Impasse e Interpretação*. Trad. Paula M. Rosas. Rio de Janeiro: Imago, 1988.

ROVERA, G. G.; FASSINO, S; GASCA, G; GRIFFONE, R. et al. Il paziente *borderline* nella situazione terapeutica di gruppo: Riflessioni su una esperienza. *Psichiatria e Psicoterapia Analítica*, v. 10, n. 1, p. 23-35, 1991.

SAITO, T. Systemic family therapy of a junior high student with school refusal and suspected *borderline* personality disorder. *Japanese Journal of Family Psychology*, v. 6, n. 2, p. 81-94, 1992.

SANSONE, R. A.; FINE, M. A.; DENNIS, A. B. Treatment impressions and termination experiences with *borderline* patients. *American Journal of Psychotherapy*, v. 45, n. 2, p. 173-180, 1991.

SAUNDERS, E. A.; ARNOLD, F. A critique of conceptual and treatment approaches to *borderline* psychopathology in light of findings about childhood abuse. *Psychiatry Interpersonal and Biological Processes*, v. 56, n.2, p.188-203, 1993.

SCHAFFER, N. D. Maintaining a balanced treatment approach with the *borderline* patient. *British Journal of Medical Psychology*, v. 63, n. 1, p. 11-19, 1990.

SCHIMMELL, I. Vous etes bien payee por savior ce que ca m'a coute pour en arriver la. *Revue Francaise de Psychanalyse*, v. 54, n. 2, p. 533-552, 1990.

SCHKOLNIK, F.; SVARCAS, M. El dilema del paciente narcisista--fronterizo: entre la desmentida y la discriminacion. *Revista Uruguaya de Psicoanalisis*, v. 74, p. 161-169, 1991.

SCHULZ, P. M.; SOLOFF, P. H.; KELLY, T.; MORGENSTERN, M. et al. A family history study of *borderline* subtypes. 139th Annual Meeting of the American Psychiatric Association. *Journal of Personality Disorders*, v. 3, n. 3, p. 217-229, 1989.

SHERBY, L .B. Love and hate in the treatment of *borderline* patients. *Contemporary Psychoanalysis*, v. 25, n. 4, p. 574-591, 1989.

SIFNEOS, P. E. *Short-Term Psychotherapy and Emotional Crisis*. Cambridge, Massachusetts: Harvard University, 1972.

SILK, K. R.; EISNER, W.; ALLPORT, C.; DEMARS, C. et al. Focused time limited inpatient treatment of *borderline* personality disorder. *Journal of Personality Disorders*, v. 8, n. 4, p. 268-278, 1994.

SILVA FILHO, A. C. P. *Psicoses Funcionais*: abordagem psicanalítica. São Paulo: E.P.U., 1989.

SILVA, J. C.; ROSA, J. T. Reflexões sobre diagnóstico psicológico em psicoterapia breve: indicações e avaliação. *Anais do III Simpósio de Pesquisa e Intercâmbio da Associação Nacional de Pesquisa e Pós-Graduação em Psicologia*. São Paulo: Anpepp/ PUC, 1990.

SILVER, A. L. S. Treating the hospitalized *borderline* patient: Reworking trauma of toddlerhood. *Journal of the American Academy of Psychoanalysis*, v. 20, n. 1, p.114-129, 1992.

______. Countertransference, Ferenczi, and Washington, DC. Special Issue: Empathy and Intuition. *Journal of the American Academy of Psychoanalysis*, v. 21, n. 4, p. 637-654, 1993.

SILVESTRINI, P.; FACCIN, M. L. Vissuti del corpo interno ed esterno in una paziente *borderline* as if: Caso Clinico. *Psichiatria Generale e dell'Eta Evolutiva*, v. 26, n. 4, p. 731-741, 1988.

SIMON, R. *Psicologia Clínica Preventiva:* novos fundamentos. São Paulo: EPU, 1989.

______. Psicanálise e Psicoterapia Breve. *Insight Psicoterapia*, São Paulo, v. 3, p.14-7, 1991.

______. Teoria da Evolução da Adaptação Humana: prevenção da ineficácia adaptativa. *Mudanças*. São Bernardo do Campo, v. 3-4, p. 25-36, 1995.

______. Do diagnóstico à psicoterapia breve. *Jornal Brasileiro de Psiquiatria*, v. 45, n. 7, p. 403-408, 1996.

______. Proposta de redefinição da Escala Diagnóstica Adaptativa Operativa (EDAO). *Mudanças*. São Bernardo do Campo, v. 10, p. 13-26, 1998.

SIMONSEN, E. The *borderline* conditions – an introduction from a Scandinavian perspective. *Acta Psychiatrica Scandinavica*, v. 89, suppl. 379, p. 6-11, 1994.

SLOCHOWER, J. Variations in the analytic holding environment. *International Journal of Psycho-Analysis*, v. 72, n. 4, p.709-718, 1991.

______. A hateful *borderline* patient and the holding environment. *Contemporary Psychoanalysis*, v. 28, n. 1, p. 72-88, 1992.

SMALL, L. *As Psicoterapias Breves*. Trad. Sonia R. P. Alves. Rio de Janeiro: Imago, 1974.

SMITH, B. F. Assessing the difficulties for British patients of Caribbean origin in being Referred for psychoanalytical psychotherapy. *British Journal of Psychotherapy*, v. 10, n. 1, p. 50-61, 1993.

SMITH, T. E.; KOENIGSBERG, H. W.; YEOMANS, F. E.; CLARKIN, J. F. et al. Predictors of dropout in psychodynamic psychotherapy of *borderline* personality disorder. *Journal of Psychotherapy Practice and Research*, v. 4, n. 3, p. 205-213, 1995.

SOLOFF, P. H.; LIS, J. A.; KELLY, T.; CORNELIUS, J.; ULRICH, R. Risk factors for sucidial behavior in *borderline* personality disorder. *American Journal of Psychiatry*, v. 151, n. 9, p. 1316-1323, 1994.

SPITZER, R. L.; WILLIAMS, J. B. W.; GIBBON, M.; FIRST, M. B. *Instruction Manual for the Structured clinical Interview for DSM-III-R (SCID,5/1/1989 Revision)*. Biometrics Research Department. New York: State Psychiatric Institute, 1989.

STEIN, M. The treatment of a female low level *borderline* personality disorder. *Issues in Ego Psychology*, v. 13, n. 2, p. 124-139, 1990.

STEINER, J. The border between the paranoid-schizoid and the depressive positions in the *borderline* patient. *British Journal of Medical Psychology*, v. 52, p. 385-391, 1979.

______. The interplay between pathological organizations and the paranoid-schizoid and depressive positions. *International Journal of Psycho-Analisys*, v. 68, p. 69-80, 1987.

______. The psychoanalytic contribution of Herbert Roosenfeld. *International Journal of Psycho-Analysis*, v. 70, n. 4, p. 611-617, 1989.

______. Patient-centered and analyst-centered interpretations: Some implications of containment and countertransference. *Psychoanalytic-Inquiry*, v. 14, n. 3, p. 406-422, 1994.

STEVENSON, J.; MEARES, R. An outcome study of psychotherapy for patients with *borderline* personality disorder. *American Journal of Psychiatry*, v. 149, n. 3, p. 358-362, 1992.

STIWNE, D. Group psychotherapy with *borderline* patients: Contrasting remainers and dropouts. *Group*, v. 18, n. 1, p. 37-45, 1994.

STONE, M. H. Personal reflections: *Borderline* Personality Disorder – contemporary issues in nosology, etiology, and treatment. *Psychiatric Annals*, v. 20, n. 1, p. 8-10, 1990a.

______. Multimodal therapy: applications to partial hospitalization in the light of long-term follow-up of *borderline* patients. Annual Meeting of the American Association for Partial Hospitalization (1989, New Orleans, Louisiana). *International Journal of Partial Hospitalization*, v. 6, n. 1, p. 1-14, 1990b.

______. Treatment of *borderline* patients: A pragmatic approach. *Psychiatric Clinics of North America*, v. 13, n. 2, p.265-285, 1990c.

______. Paradoxes in the management of suicidality in *borderline* patients. Special Section: Psychotherapy with the *borderline* patients. *American Journal of Psychotherapy*, v. 47, n. 2, p. 255-272, 1993.

SUTTON, A. Therapeutic management in the therapy of a primitive *borderline* patient. *Society for Psychoanalytic Psychotherapy Bulletin*, v. 6, n. 4, p. 21-31, 1991.

SWENSON, C. R.; WOOD, M. J. Issues involved in combining drugs with psychotherapy for the *borderline* inpatient. *Psychiatric Clinics of North America*, v. 13, n. 2, p. 297-306, 1990.

THOMAS, J. E. Pensaments i pensar. Una introduccio a l'experiencia clinica amb pacients '*borderline*'. *Revista Catalana de Psicoanalisi*, v. 5, n. 2, p. 241-257, 1988.

THORNER, H. A.(1955) Três defesas contra a perseguição interna. In: KLEIN, M; HEIMANN, R; MONEY KYRLE, R. E. (Org). *Novas Tendências na Psicanálise*. 2. ed. Trad. Alvaro Cabral. Rio de Janeiro: Guanabara, 1986.

TISSERON, S. Des mots et des images. Role des images dans la cure. *Revue Francaise de Psychanalyse*, v. 53, n. 6, p. 1993-1997, 1989.

TORGERSEN, S. Genetics in *bordeline* condictions. *Acta Psychiatrica Scandinavica*, v. 89, suppl. 379, p. 19-25, 1994.

TUCKER, L.; BAUER, S. F.; WAGNER, S; HARLAM, D. et al. Specialized extended hospital treatment for *borderline* patients. *Bulletin of the Menninger Clinic*, v. 56, n. 4, p. 465-478, 1992.

TUTTMAN, S. Exploring an object relations perspective on *borderline* conditions. *Journal of the American Academy of Psychoanalysis*, v. 18, n. 4, p. 539-553, 1990.

TYRER, P. What are the borders of *borderline* personality disorder? *Acta Psychiatrica Scandinavica*, v. 89, suppl. 379, p. 33-44, 1994.

VAN-DER-KOLK, B. A: HOSTETLER, A.; HERRON, N.; FISLER, R. E. Trauma and the development of *borderline* personality disorder. *Psychiatric Clinics of North America*, v. 17, n. 4, p. 715-730, 1994.

VAS, J. Hipnoanalizissel kombinalt dinamikusan orientalt egyeni pszichoterapia *borderline* pacienssel. Az 'Ordito Oroszlan' esete. *Psychiatria Hungarica*, v. 5, n. 5, p. 439-444, 1990.

VILLE, E. Le poignard salvateur. *Revue Francaise de Psychanalyse*, v. 56, n. 1, p. 225-233, 1992.

VINOLY-BECEIRO, A. M. El lugar del analista, el encuadre y la interpretacion, en el tratamiento de los estados limites e analizabilidad. *Revista de Psicoanalisis*, v. 47, n. 56, p. 998-1013, 1990.

VOIZOT, B. De la repetition a la temporalisation. 49th Congress of Francophone Psychoanalysts of the Romance Countries. *Revue Francaise de Psychanalyse*, v. 53, n. 6, p. 1853-1858, 1989.

VOIZOT, B. Souffrance et subjectivation. *Revue Francaise de Psychanalyse*, v. 55, n. 6, p. 1701-1706, 1991.

WAGNER, A. W.; LINEHAN, M. M. Relationship between childhood sexual abuse and topography of parasuicide among women with *borderline* personality disorder. *Journal of Consulting and Clinical Psychology*, v. 61, n. 6, p. 1068-1075, 1993.

WAGNER, A. W.; LINEHAN, M. M. Relationship between childhood sexual abuse and topography of parasuicide among women with *borderline* personality disorder. *Journal of Personality Disorders*, v. 8, n. 1, p. 1-9,1994.

WALDINGER, R. J. Intensive psychodynamic therapy with *borderline* patients: na overview. *American Journal of Psychiatry*, v. 144, n. 3, p. 267-274, 1987.

______.; FRANK, A. F. Transference and the vicissitudes of medication use by *borderline* patients. *Psychiatry*. v. 52, n. 4, p. 416-427, 1989.

WEAVER, T. L.; CLUM, G. A. Early family environments and traumatic experiences associated with *borderline* personality disorder. *Journal of Consulting and Clinical Psychology*, v. 61, n. 6, p. 1068-1075, 1993.

WEIL, D. E.; OLEWKOWIEZ, C. N. Traitement en internat psychotherapique d'un enfant presentant un etat limite. *Information Psychiatrique*, v. 65, n. 1, p. 62-70, 1989.

WESTEN, D. Cognitive-behavioral interventions in the psychoanalytic psychotherapy of *borderline* personality disorders. *Clinical Psychology Review*, v. 11, n. 3, p. 211-230, 1991.

WOLF, A. Latent Schizophrenia. In: *Schizopherenia in Psychoanalytic Office Practice*. New York: Grune Stratton, 1957.

YEOMANS, F. E.; GUTFREUND, J.; SELZER, M. A.; CLARKIN, J. F. et al. Factors related to drop-outs by *borderline* patients: Treatment contract and therapeutic alliance. *Journal of Psychotherapy Practice and Research*, v. 3, n. 1, p. 16-24, 1994.

YODA, Y. The reference case in need of intervention to mother--daughter relationships. *Japanese Journal of Family Psychology*, v. 6, n. 2, p. 107-119, 1992.

YOSHIDA, E. M. P. *Psicoterapias Psicodinâmicas Breves e Critérios Psicodiagnósticos*. São Paulo: EPU, 1990.

______. Psicoterapias Psicodinâmicas Breves. *Insight* Psicoterapia, São Paulo, v. 6, p. 18-19, 1991.

______. Psicoterapia Focal de abordagem psicodinâmica: prática com pacientes adultos. In: I ENCONTRO SOBRE PSICOLOGIA CLÍNICA, São Paulo, 1997. *Anais do I Encontro sobre Psicologia Clínica*, 1997, p. 17-20.

ZETZEL, E. A developmental approach to the *borderline* patient. *American Journal Psychiatry*, v. 127, p. 867-871, 1971.

ZIMMERMAN, M. Diagnosing Personality Disorders: A Review of issues and research methods. *Archives of General Psychiatry*, v. 51, p. 225-245, 1994.

Construindo ideias
e conectando mentes

Este livro foi composto com tipografia Goudy Old Style
e impresso em papel Pólen Natural 80g. em fevereiro de 2024.